인생을 시작하는 청년에게

101

GOOD

인생을 시작하는 시작하는 청년에게 101

C.H. 스펄전 지음

홍원팔 옮김

멘토

START

A GOOD START

by Charles Haddon Spurgeon

인생을 시작하는 청년에게 101

2001년 5월 30일   초판 1쇄 발행
2025년 3월 25일   개정판 1쇄 발행

지은이 | C.H. 스펄전
옮긴이 | 홍 원 팔
발행인 | 박 동 주

발행처 | 도서출판 멘토
등 록 | 1997년 11월 25일 제12-219호

주 소 | 서울 양천구 월정로 48길11 대림타운502호
        전화 02-2608-0797 팩스 0504-386-6971
        pubmentor@hanmail.net

Copyright ⓒ 멘토 2001, 2025

ISBN 978-89-88152-90-4 (03230)   printed in Korea

좋은 출발을 위한 선택

조지 윌리엄스(YMCA 창시자)

특히 인생의 봄을 맞이하는 젊은이들을 위해서 이 글을 썼다. 인격이 형성되는 시기이기 때문에, 신실한 경고와 현명한 충고와 공감이 가는 훈계가 특별히 필요하다.

많은 청년들이 인생을 시작할 때 친절하게 충고해 주는 사람이 없었기 때문에 실패를 한다. 그 반면에 훌륭하고 존경할 만한 지위에 있는 사람들은 인생을 시작할 때, 그들의 장래에 대해서 실제적인 관심을 가진 친구의 시기 적절한 충고를 받을 수 있었기 때문에 성공한다.

스펄전 목사는 청년들의 친구였다. 사역 기간 동안에 그의 목적은 청년들을 그리스도께로 인도하고, 그들이 진정한 고귀성을 열망하도록 격려하고 자극을 주는 것이었다. 이제 그의 음성은 들을 수 없지만, 그의 강력한 펜은 여전히 말하고 있다. 그는 이 책에서 설득력 있고 힘있게, 인생의 출발점에 선 청년들에게 '좋은 출발'을 할 수 있는 법을 알려 주고 있다.

인생의 여행을 시작할 때 첫 순간의 중요성은 아무리 높이 평가해도 지나치지 않다. 왜냐하면 이것은 필연적으로 그 후의 인생에 영향을 주고 또 그의 인생을 결정하기 때문이다. 나는 개인적인 경험을 통해서 나의 친구 스펄전의 지혜와 현명함을 증언할 수 있다.

크리스천의 원리에 따라 살지 않는다면 그 어떤 인생도 진실로 성공할 수 없다. 첫 단계부터 그리스도께 귀를 기울이고, 주님과 교제를 나누는 가운데서 인생의 여행을 시작해야만 한다. 그렇게 할 때 우리는 인생과 의무에 대한 진정한 개념을 형성할 수 있으며, 우리에 대한 하나님의 뜻을 실제적으로 구현할 수 있다.

　나는 이 책이 널리 읽혀지기를 원한다. 그리고 수많은 청년들이 좋은 출발을 할 뿐만 아니라, 유익하고 의롭고 하나님께 영광을 돌리는 인생을 만드는 것을 도와 주기 위해, 하나님께서 사용해 주시기를 기도한다.

A GOOD START

최선의 준비

회심하지 못한 사람들에게 뭔가 말하고 싶다. 우리의 큰 걱정은 당신이 즉시 주님을 알기를 바라는 것이다. 이유는 그래야 당신이 다가올 미래의 세상을 위해 준비할 수 있기 때문이다. 그 세상이 아무리 신비로 가득 차 있을지라도, 하나님과 화목한 사람, 주 예수 그리스도를 믿는 사람, 그분을 신뢰하고 위대한 대속적 희생을 통하여 자기 죄를 용서받은 것을 기뻐하는 사람, 마음이 놀랍게 변화되는 것을 체험하여 그리스도 예수 안에서 새로운 피조물이 된 사람만큼, 미지의 바다를 항해하기 위해서 잘 준비한 사람은 없다.

당신이 영원한 세계를 위하여 준비하는 것이 바로 주님을 찾는 이유라고 생각한다. 어떤 나이 많은 성도를 보았는데 그 할머니는 86세이며 모든 능력들을 잃어버렸다. 그러나 그 할머니는 "나는 아무런 두려움이 없습니다. 죽음을 두려워하지 않습니다. 나는 반석 위에 있습니다. 나는 반석이 되시는 그리스도 예수 위에 있습니다. 나는 내가 믿는 그분을 압니다. 나는 어디로 가는지 압니다"라고 말했다.

나이 많은 성도가 그와 같이 말하는 것을 듣는다는 것은 기쁜 일이다. 우리 성도들이 본향으로 갈 때에 항상 그와 같이 말하는 것을 듣는다. 그들은 절대로 어떤 의심도 하지 않는다. 건강할 때에 많은 의심을 한 사람들을 알고 있다. 그러나 그들이 죽게 되었을 때에는 결코 의심하지 않았다. 오히려 기쁜 마음으로 그리스도를 신뢰했다.

그러나 우리의 친구들이 회심하기를 원하는 또 다른 이유가 있다. 바로 그들이 이생을 위해서 준비하기를 바라기 때문이다. 당신이 어떤 인생을 준비하고 있는지 알지 못한다.

어떤 청년들은 자기들의 생을 학문에 바치고 명예를 얻기를 바란다. 어떤 사람은 그런 희망도 없이 오직 이마에 땀을 흘리면서 하루 양식을 벌기 위해서 열심히 일한다. 어떤 사람은 벽돌을 쌓거나 비행기를 몰거나 펜을 휘두른다.

인생을 사는 데에는 여러 가지 방법이 있다. 그러나 주님을 알고 또 새로운 마음과 올바른 정신을 갖는 것보다 더 인생을 잘 준비할 수는 없다. 수백만 명의 사람들을 다스리는 자도 그 마음에 하나님의 은혜를 품고 있을 때 그 일을 보다 더 잘할 수 있다. 종업원도 그 마음에 하나님의 은혜가 있다면 자기의 운명 가운데서 더욱 행복해질 수 있다.

청년들이여, 고용주들이여, 종업원들이여, 진정한 신앙은 인생의 드라마에서 당신이 맡은 역할을 잘할 수 있게 해준다. 그것이 반드시 해야만 하는 역할이라면 그것을 위한 최선의 준비는 주님을 알고 또 당신의 영혼에 임한 하나님의 은혜의 권능을 느끼는 것이다.

어떻게 해서 그것이 사실인지를 보여 주겠다. 하나님 앞에서 사는 사람, 하나님을 아버지라고 부르는 사람, 그 안에서 성령께서 역사하여 죄를 미워하고 의를 사랑하는 사람, 그런 사람은 자기의 의무를 성실하게 수행할 수 있다. 오늘날 우리가 원하는 것은 바로 그와 같은 남자와 여자이다.

많은 사람들은 자기를 지켜 봐주기를 원한다. 당신이 그들에게 어떤 할 일을 주었을 때 당신이 옆에 서서 지켜본다면 그들은 그 일을 재빨리 처리할 것이다. 그러나 당신이 뒤돌아서는 순간 그들은 그 일을 소홀히 하거나 천천히 하거나 아무렇게나 할 것이다. 그들은 눈치만 보는 종에 불과하다. 당신이 그런 종을 구한다는 광고를 낸다면 아무도 찾아오지 않을 것이다. 그러나 그들은 함정에 빠질 것이다. 왜냐하면 그들 주위에는 많은 함정들이 있기 때문이다.

그러나 진정한 크리스천, 진정으로 회심한 사람은 사람들에 대하여 자기의 의무를 수행하면서 하나님을 섬긴다. "하나님께서 나를 지켜보신다"라는 것이 그에게 큰 영향을 준다. 그는 그 의무가 어떤 것이라 해도 자신의 의무를 성실하게 수행하기를 원한다.

자신이 회심했다고 말하는 어떤 가사도우미의 이야기를 들은 적이 있다. 목사님이 그녀에게 물었다.

"당신이 회심했다는 증거를 보여줄 수 있습니까?"

그녀는 다른 많은 증거들 이외에 이런 증거도 제시했다.

"목사님, 저는 항상 매트 밑바닥도 빗자루로 쓸어냅니다."

그것은 작은 일이다. 그러나 당신이 일상 생활 속에서 매트 밑바닥을 쓴다는 그런 원칙을 지킨다면 그것이 바로 우리가 원하는 것이다. 많은 사람들이 구석구석 솜털과 먼지를 쓸어

낸다. 방은 마치 깨끗이 치워진 것처럼 보인다. 그러나 사실은 그렇지 않다. 어떤 일을 하기는 했지만 실상은 잘 보이지 않는 곳은 하지 않을 수도 있다. 그러나 그 마음에 은혜를 간직한 사람은 그렇지 않다. 그 마음에 은혜를 간직한 사람은 하나님에 대하여 온전히 살기를 원하며 사람을 섬기는 가운데서 하나님을 섬긴다. 당신이 그런 은혜가 있다면 죽음뿐만 아니라 삶을 위해서도 훌륭하게 준비할 수 있다.

그 다음 새로운 마음을 가진 사람은 시험을 당할 때 자기를 지켜줄 순수함을 지닌다. 하지만 이 런던이라는 도시는 얼마나 끔찍한 도시인가! 하나님께서 이 도시의 더러움을 참고 계신다는 것은 그저 놀라울 뿐이다. 시골에서 처음으로 런던에 온 선량한 청년들과 자주 대화를 나눈다. 그들이 런던에서 살게 된 첫 주에 머리털이 쭈뼛 설 만큼 놀란다. 그들은 결코 꿈에도 보지 못했던 것을 보았다.

런던에 온 청년들이여, 즉시 자신을 주님께 헌신하라. 나는 당신을 위해 기도한다. 자신을 예수 그리스도께 드려라. 런던에서 또 다른 한 주간은 당신에게 파멸의 시간이 될 것이기 때문이다. 런던에서 단 일주일만 살아도 당신을 영원히 파멸시킬 불순한 행동으로 빠져들게 한다. 당신이 그런 일들을 하기 전에 하나님께 자신을 헌신하라. 순수한 마음과 올바른 정신을 가질 때 이 끔찍하고 사악한 도시에서 염병과 파멸로부터 보호 받을 수 있다. "어두울 때 퍼지는 전염병과 밝을 때 닥쳐오는 재앙을 두려워하지 아니하리로다"(시 91:6).

젊은 청춘남녀들이여, 당신의 마음이 하나님 앞에 올바르지 못하다면 이 악한 세상에서 아무런 희망이 없다. 당신이 하나님의 어린양이 가시는 곳이면 어디든지 철저하게 따라간다면 그분은 당신을 끝까지 지켜 주고 보호해 주신다. 그러나 당신이 주님께 자신을 드리지 않는다면 당신이 어떤 좋은 결심을 해도 오늘날 거리에 넘쳐 흐르는 불법의 거센 물결에 휩쓸려 갈 수밖에 없다. 그러므로 그리스도에 대한 신앙으로부터 나오는 순수한 마음이 인생을 훌륭하게 준비시켜 줄 것이다.

진실한 말도 또한 마찬가지이다. 사람들이 거짓말을 할 때 그것은 얼마나 비열한 일인가! 하나님의 은혜로 순수해진 마음은 거짓말을 생각도 하기 싫어한다. 그런 사람은 진실, 온전한 진실, 오직 진실만을 말한다. 그런 사람은 흠 없는 삶을 살며 존경을 받고 결국에는 성공한다.

그런 사람은 자신의 진실함 때문에 일시적으로 고난을 당할 것이다. 그러나 결국 생각과 말과 행동에서 진실한 것만큼 그의 앞날을 밝게 해주는 것은 아무것도 없다.

당신이 마음을 다하여 주님을 사랑한다면 거래에서도 정직을 배울 수 있다. 그것은 인생에서 큰 도움이 된다. 사기꾼들은 일시적으로 성공하는 것처럼 보인다. 그러나 그의 성공이 무엇인가? 그것은 다만 파멸의 또 다른 이름일 뿐이다.

모든 사람들이 정직할 수 있다면 세상은 얼마나 더 행복해지겠는가! 사람들 사이에서 정직한 것은 곧 하나님에 대하여 정직한 것이며 성령님이 당신 안에 내주하신다는 증거다. 또한 진정한 신앙은 이러한 가치를 지니고 있다. 즉 그것은 환난 중에서도 위로를 준다.

젊은 친구들이여, 당신은 많은 환난을 기대하지 않을 것이다. 그러나 반드시 그런 환난을 맞이한다. 당신은 결혼을 하면 모든 환난이 끝날 것이라고 기대한다. 그러나 어떤 사람들은 오히려 결혼한 후에 환난이 시작되었다고 말한다. 나는 그런 말에 찬성하지 않는다. 그러나 환난이 끝나지 않았다는 것을 확신한다. 왜냐하면 결혼한 후에도 또 다른 시련들이 시작되기 때문이다.

기술자가 되려면 견습 기간을 거쳐야 한다. 힘든 견습 기간을 마치게 되면 모든 일이 다 잘 되는가? 기술자들은 항상 그렇지만은 않다는 것을 알고 있다. 그러나 당신은 항상 기술자로 살지는 않을 것이다. 작은 회사의 주인이 될 수도 있다. 그러나 주인들에게 즐거운 일만 일어나는지를 물어 보라.

당신이 환난으로부터 완전히 도피하기를 원한다면 풍선을 타고 하늘 높이 올라가는 것이 더 좋을 것이다. 그러나 그럴 때에도 너무 높이 올라가 땅에 떨어질까봐 두려워하는 환난을 격을 것이다. 환난은 항상 찾아온다. 그러나 아버지의 손길 안에서 안전함을 느끼는 것만큼 환난 중에서 보호해 줄 수 있는 것이 무엇이 있겠는가?

당신이 "나는 하나님의 자녀입니다. 모든 것이 합력하여 선을 이룹니다. 나는 온전히 나 자신을 주님의 손에 맡겼습니다. 주님은 잘못하실 수도 없고 결코 나에게 불친절하지도 않습니다"라고 말할 수 있다면, 당신은 근심의 창이 뚫을 수 없는 방패를 가진 것이다. 평안의 복음으로 준비된 신을 신고 있는 것이다. 그러면 당신은 광야의 가시덩굴을 밟아도 발에 아무런 상처를 입지 않을 것이다.

진정한 신앙은 또한 확고한 성격을 형성해 준다. 그것은 오늘날 청년들에게서 보기를 원하는 또 다른 자질이다. 우리에게는 훌륭한 남자와 훌륭한 여자들이 있다. 마귀가 그들에게 설교하여 그들이 믿음으로부터 떠나게 할까봐 두렵지 않다. 비록 어떤 새로운 이단 사설이 생겨나 그들 앞에서 선전할지라도 그들은 진리가 무엇인지 너무나도 잘 알기 때문에 절대로 길을 잃어버릴 수 없다.

그러나 반면에 귀가 얇은 사람들도 많이 있다. 내가 그들의 귀를 한쪽으로 잡아당긴다면 그들은 나를 따라올 것이다. 그러나 그들이 우연히 다른 어떤 곳으로 갔을 때 다른 사람들이 그들의 귀를 다른 쪽으로 잡아당긴다면 그쪽으로 따라갈 것이다. 결코 그들 자신의 생각대로 행동하지 않는 많은 사람들이 있다. 그들은 마치 세탁물을 내놓듯이 생각을 밖에 내놓는다. 집에서 그 일을 할 생각을 하지 않는다.

이런 사람들은 타작 마당의 겨와 같다. 바람이 불기 시작할 때 그들은 멀리 날아가 버린다. 그와 같이 행동하지 말라.

젊은 아들딸들이여, 주님을 알라. 주님이 즉시 당신에게 그 자신을 계시해 주시기를 원한다. 당신이 주님을 알고, 복음을 붙잡고, 그것을 마음에 붙들어 매고, 그것을 목에다 걸고 말할 수 있을 것이다.

"예, 나는 내가 사랑하는 자들의 발자취, 특히 주 예수 그리스도의 발자취를 따라가겠습니다."

"예수님이 인도하신다면 홍수나 화염 속일지라도 그가 가시는 곳이면 어디든지 따라가겠습니다."

당신이 그렇게 할 수 있도록 하나님께서 도와주신다. 그러나 먼저 주 예수 그리스도를 믿어라. 당신 자신을 온전히 그분께 맡겨라. 그러면 주님께서 은혜를 주어 끝까지 굳건하게 서 있도록 해주신다.

미래를 위한 준비

예수 그리스도의 복음은 인생 전체와 관련이 있다. 당신이 예수님을 영접한다면 영원히 인생 전체에 영향을 미칠 믿음을 갖게 된다. 당신이 젊었을 때에 구원을 받는다면 신앙이 죄에 빠지지 않게 예방해 준다는 것을 발견하게 된다. 소돔의 진흙탕으로 더럽혀지지 않는 것, 우리의 뼈가 악으로 인해서 부러지지 않는 것은 얼마나 큰 축복인가?

죄악된 생활에서 구원을 받은 많은 사람들은, 그럼에도 불구하고 일생 동안 영적인 장애인이 될 것이다. 악의 소용돌이에서 빠져 나오는 것은 크게 감사할 일이다. 그러나 악에 빠지지 않는 것이 더 좋은 일이다. 만일 우리가 세상의 더러운 것들로 인해서 오염되지 않았을 때 하나님의 은혜가 우리에게 임하고 또 방탕에 빠지지 않는 것은 더욱 좋은 일이다. 방탕한 습관이 육신을 좀먹고 탐닉이 정신을 황폐하게 만들기 전에 새로운 마음을 갖는다는 것은 무엇보다도 좋은 일이다.

예방이 치료보다 더 낫다. 그리고 은혜가 그 두 가지 모두를 가져다준다. 당신이 아직 젊기 때문에 하나님께 감사해야 한다. 지금이라도 당장 은혜를 받아 하나님의 말씀에 따라 주의하면서 당신의 길을 깨끗이 하기를 간절히 바란다.

은혜는 예방뿐만 아니라 보호의 역할도 한다. 하나님께서 당신에게 주신 좋은 것이 당신을 지켜줄 것이다. 내가 일시적인 구원을 전하지 않기에 하나님을 송축한다. 내가 청년이었을 때 복음에 관해서 나의 마음을 이끈 것은 죄로부터 보호해 주는 능력이었다.

나의 학교 친구들 중에는 그들의 성품 때문에 많은 칭찬을 받았다. 그들은 나보다 약간 더 나이가 많았는데 슬프게도 그들이 집을 떠났을 때 범죄자가 되었다. 그들이 런던으로 가서 견습생으로 공부하거나 큰 회사에서 어떤 직책을 얻었을 때 그들의 나쁜 행동들에 대한 슬픈 이야기를 듣곤 했다.

나는 속으로 생각했다. '내가 아버지의 집을 떠날 때 나도 역시 시험을 당할 것이다. 그리고 나도 그들과 동일한 마음을 가지고 있다. 사실 그들만큼 착하지 않다. 그러므로 나도 그들처럼 죄에 빠질 가능성이 있다.' 그 생각을 하고 두려움에 떨었다. 내가 어머니로 하여금 방탕한 아들 때문에 눈물을 흘리게 하고 아버지의 마음을 찢어놓을 것이라고 생각하니 견딜 수가 없었다.

주 예수 그리스도를 믿는 자마다 구원을 얻는다는 말을 들었을 때 죄로부터도 구원을 받는다는 사실을 이해할 수 있었다. 그래서 죄로부터 나를 보호해 달라고 예수님께 매달렸으며 예수님은 그렇게 해주셨다. 나의 성품을 그리스도께 맡겼다. 주님은 오늘날까지 보호해 주셨다. 주님께서 나를 버리지 않으실 것이라고 믿는다.

청년들이여, 당신에게 권한다. 성품 보험은 예수 그리스도를 믿는 것이다. 젊은 여성들이여, 당신의 단정한 뺨이 수치스러운 행동 때문에 붉어지지 않기를 바란다. 당신의 섬세하고도 순수한 감정이 더러운 죄로 인해서 타락하지 않기를 바란다. 그러나 주님께서 당신을 지켜 주지 않으신다면 그렇게 될 수도 있다는 사실을 기억하라.

나는 당신에게 예수 그리스도 안에서 보호해 주시고 복을 주시는 믿음의 능력을 권한다. 그것은 당신을 지켜 주며 성령께서 당신 안에 거하시고 항상 당신을 거룩하게 만들어 주실 것이다.

악에 대해서 생각할 때 전율하는 사람들에 대해서 말하겠다. 당신이 크리스천 부모로부터 훈련을 받고 또 가장 거룩한 영향력하에 있었다면 당신은 부모의 이름을 더럽히는 자들처럼 행동하기보다는 차라리 죽을 것이다.

그러나 당신의 마음을 믿어서는 안 된다. 당신의 본성이 새로워지지 않는다면 당신도 다른 사람들만큼 나빠질 수 있으며 그들보다 더 나빠질 수도 있다.

오직 예수 그리스도만이 성령의 능력으로 그 일을 하실 수 있다. 주님을 믿는 사람은 누구든지 사망에서 벗어나 생명을 얻는다. 그는 죄악 가운데서 살지 않을 것이다. 그는 끝까지 거룩한 가운데서 보호를 받는다.

당신은 아직 인생의 전투를 시작하지 않았다. 자신의 직업과 사업을 선택하는 중에 있다. 젊은 여성들이여, 당신은 아직도 부모의 날개 아래 있다. 당신은 아직 가족관계를 형성하지 못하고 있다. 당신이 그 마음을 예수님께 드린다면 필생의 사업이나 봉사를 위하여 얼마나 잘 준비할 수 있을 것인지 생각해보라.

청년이여, 당신은 훌륭한 사람이 되어 큰 회사에 들어갈 수 있다. 마음속에 하나님의 은혜가 임한다면 그곳에서 복된 사람이 된다. 비록 이 악한 도시에는 이상한 여인의 덫으로 둘러싸여 있을지라도 그런 여자가 결코 당신의 귀한 인생을 빼앗지 못한다. 다른 악들도 당신을 오염시킬 수 없다.

젊은 여인이여, 당신은 허우대만 멀쩡한 바보가 아니라 당신처럼 주님을 사랑하는 사람을 평생의 반려자로 선택할 만한 지혜가 있다. 그리고 그와 함께 행복하고 거룩한 날들을 보내고 싶은 소망이 있다.

당신은 결코 없어지지 아니할 기쁨과 즐거움들을 소유할 것이다. 시련과 고난 가운데서도 당신에게 기쁨과 평안과 위로를 가져다줄 생수의 샘물을 소유할 것이다. 당신은 미래에 다가올 것들에 대해서 준비할 것이다.

하나님께서 젊은 크리스천을 부르신다면 그는 훌륭한 고용주나 고용인이 될 수 있다. 당신이 모범적인 왕자나 모범적인 농부가 되기 위한 최선의 재료를 원한다면 하나님의 자녀 가운데서 그것을 발견할 수 있다.

하나님의 자녀가 되는 사람은 완전한 결핍에 빠지지 않는다. 그는 방종과 게으름의 악으로부터 구원을 받을 것이기 때문이다. 그것들은 자주 가난의 원인이 된다. 그 반면에 그는 왕자가 될 가능성도 거의 없다. 하나님께서는 좀처럼 자신의 자녀들을 그토록 위험한 자리에 올려놓지 않으시기 때문이다.

청년이여, 당신의 마음이 하나님 앞에 올바르다면 당신의 미래를 위해서 준비할 수 있다. 내가 당신에 대해서 생각할 때, 주님께서 당신을 어떤 사람으로 만들어 주실지에 대해서 생각할 때, 당신에 대하여 사랑뿐만 아니라 존경심도 느낀다. 또한 우리가 노인들에 대한 존경심도 가져야 한다. 이것은 귀한 일이며, 높이 평가하고 존중할 만한 일이다.

나는 자주 청년들에게 존경심을 느낀다. 어떤 유명한 교사가 교실에 들어갔을 때 그는 항상 소년들에게 모자를 벗어 경의를 표했다. 그 이유를 이렇게 말했다. 즉 그들 중 누가 시인이나 주교나 대법관이나 수상이 될지 알 수 없기 때문이라고 했다.

청년들을 바라볼 때 나도 똑같은 마음을 느낀다. 그들이 어떤 사람이 될지 알지 못하기 때문이다. 나는 지금 리빙스톤 Livingstone이나 모펏Moffat, 존 하워드John Howard나 윌버포스

Wilberforce, 저드슨Judson 여사나 엘리자베스 프라이Elizabeth Fry와 같은 사람에게 설교하고 있는지도 모른다.

나는 지금 하나님께서 위대한 빛을 주셔서 수많은 날 동안 사람의 아들들을 축복해 주고 나중에는 영원히 별처럼 빛날 사람들에게 설교하고 있는지도 모른다. 그러나 만일 당신이 빛을 얻지 못한다면 빛을 발할 수 없다. 하나님께서 먼저 당신에게 복을 주지 않으신다면 하나님을 송축할 수도 없고 사람의 아들들에게 축복해 줄 수도 없다.

거듭나지 못한 자들이여, 당신은 아무런 쓸모가 없다. 다시 태어나라. 그러면 유익한 사람이 된다. 당신이 회심하지 못했다면 결코 유익한 사람이 될 수 없다. 모든 사람들이 유명해지기를 기대하는 것은 아니다. 그것은 바람직한 일이 아니다.

그러나 나는 이것은 안다. 즉 그 마음을 예수님께 드린 사람은 교회와 세상에 너무나도 유익하고 꼭 필요한 사람이 된다. 그들이 없다면 이 세상은 은인을 잃게 될 것이며, 그들이 없다면 천국의 가정도 불안전해질 것이다. 이생에 관해서는 여기까지 말하기로 한다.

친애하는 젊은 친구들이여, 지금은 다음과 같은 사실을 당신에게 상기시켜 주려고 한다. 당신의 마음을 그리스도께 드린다면 죽음에 대해서 두려워할 필요가 없다. 당신은 소망을 가지고 그것을 내다보아야 한다. 죽음은 반드시 찾아온다.

그러나 하나님께 감사하라! 엘리야처럼 불병거를 타고 하늘로 올라가기를 원한 적은 결코 없었는가? 나도 한때 그랬다. 그러나 불병거가 나에게 내려온다면 나의 침대에 누워서 죽는 것보다 그것에 타는 것을 더욱 두려워했을 것이다.

사람들은 그 두 가지 중에서 죽는 것을 선택해야 한다. 왜냐하면 주님 안에서 죽는 것은 영광스러운 주님과 같아지는 것이기 때문이다. 나는 죽음을 피하려고 하는 마음 가운데서 어떤 기쁨을 발견하지 못한다. 예수님도 죽으셨다. 그러므로 나도 죽는다. 그의 귀한 얼굴에 죽음의 도장이 찍혔다. 그러므로 나도 그렇게 된다. 그러면 나는 부활에 대해서 말할 수 있다. 그러나 주님이 재림하실 때 살아서 변화된 사람들은 그렇게 할 수 없다. 당신은 죽어서 그리스도와 함께 있는 것을 두려워할 필요가 없다. 그것이 훨씬 더 낫다.

청년들이여, 당신이 젊어서 죽든지 늙어서 죽든지 간에, 당신이 예수님을 믿는다면 요단 강둑에 앉아서 다음과 같이 노래할 수 있다.

"강물에 대해서는 결코 마음을 쓰지 말라."

이별의 노래는 아름다울 것이다. 너무나도 영광스러울 것이다. 그것을 묘사하려고 애쓰지 않을 것이다. 누가 그 일을 할 수 있겠는가? 심판은 올 것이다. 그러나 두려워할 필요가 없다. 당신은 오른편에 설 것이다. 그리스도께서 대신하여 죽으신 사람들을 아무도 정죄할 수 없기 때문이다. 대재앙이 찾아오고 모든 것들이 뜨거운 열기로 녹을 것이다. 그러나 당신은 두려워 떨지 않는다. 왜냐하면 주님과 함께 들림을 받아 영원히 함께 있게 될 것이기 때문이다. 지옥은 불의한 사람들을 삼킬 것이다. 그들은 산 채로 무저갱에 빠질 것이다.

그러나 당신은 그것 때문에 두려워 떨 필요가 없다. 당신은 보혈로 구속되었기 때문이다. 천년왕국의 영광, 그리스도와 함께 통치하는 것, 죽음과 지옥에 대한 승리, 하나님께서 만유의 주가 되실 때 이루어질 하나님의 나라, 그 무한한 영광, 이 모든 것들이 당신의 것이다. 만일 이러한 영광에 도달하기 위해서 지옥이라도 거쳐 가야 한다면 그런 대가를 치를 만한 가치가 있다.

그러나 당신은 그렇게 할 필요가 없다. 오직 예수님을 믿기

만 하면 된다. 그러나 믿음 그 자체도 주님의 은혜로운 선물이
다.

"땅의 모든 끝이여 내게로 돌이켜 구원을 받으라
나는 하나님이라 다른 이가 없느니라"(사 45:22)

이것이 복음이다.

지금, 현재 꼭 해야 할 일

청년들이여, 간청한다. 당신이 이 시간에도 하나님을 향하여 불의하고 비뚤어지게 행동하고 있다는 사실을 상기시켜 주려고 한다. 하나님은 당신을 만드셨다. 그런데도 당신은 하나님을 섬기지 않는다. 하나님은 당신을 살려주셨다. 그런데도 당신은 하나님께 순종하지 않는다. 하나님은 당신에게 복음의 말씀을 보내주셨다. 그런데도 당신은 그것을 받아들이지 않았다. 하나님은 자신의 독생자를 보내주셨다. 그런데도 당신은 그분을 멸시했다.

이러한 불의를 현재도 자행하고 있다. 그것에 대하여 당신에게 호소하는 것은 그러한 행동을 끝내라는 것이다. 성령께서 당신으로 하여금 그것을 끝낼 수 있도록 도와주시기를 기원한다!

만일 내가 어떤 사람에게 불의(정의롭지 못하고 도리에 어긋남)한 일을 했다고 생각하면 열심히 그것을 고치려고 노력한다. 그것을 내일로 미루지 않는다. 즉시 바로 잡기를 원한다. 내가 어떤 궁핍한 과부를 도와주기를 잊어버렸을 때에는 나자신을 꾸짖으며, 그 문제에 대해서 관심을 가질 때까지 마음이 불편함을 느낀다. 당신도 그와 같은 것을 느끼지 않는가? 고집스럽게 다른 사람들에게 잘못을 저지르며 무시할 것인가? 그렇지 않으리라고 확신한다.

어떻게 당신이 하나님께 불의하고, 사람들의 영혼을 사랑하시는 분에게 잔인하게 대하고, 성령님의 호소에 적대적일 수가 있는가? 이사야 1장은 얼마나 놀라운 말씀인가! 사람들이 부드러운 마음이 있다면 깊은 감동을 받을 것이다.

"하늘이여 들으라 땅이여 귀를 기울이라 여호와께서 말씀하시기를 내가 자식을 양육하였거늘 그들이 나를 거역하였도다 소는 그 임자를 알고 나귀는 그 주인의 구

유를 알건마는 이스라엘은 알지 못하고 나의 백성은 깨
닫지 못하는도다"(사 1:2, 3).

이것이 창조주에 대한 인간의 비뚤어진 행동에 관한 하나님
의 통탄이다!

명예로운 젊은이여, 순전한 젊은이여, 이것이 당신의 양심
에 아무것도 말해주지 않는가? "사람이 하나님의 것을 훔칠
수 있는가?" 당신은 주인의 것을 훔치지 않을 것이다. 당신은
사람에 대해서는 불성실하거나 부정직하다는 평가를 받고 싶
지 않을 것이다.

그런데도 하나님에 대해서는 그의 모든 선하심에도 불구하
고 그토록 비열하게 대접할 수 있는가? 예수님은 "그 중에 어
떤 일로 나를 돌로 치려 하느냐?"(요 10:32)라고 말씀하셨다.
여호와께서도 "나는 너를 만들었다. 너희의 코에 호흡을 주었
다. 너희를 평생 먹여 살렸다. 이 모든 일들에도 불구하고 너
희는 나 없이 살며 나를 무시하며 내 이름을 저주하고 나의 거
룩한 율법에 거역하여 죄를 짓는다"고 말씀하신다.

당신은 이와 같이 고집스럽게 불의한 삶을 사는 것이 올바
르다고 생각하는가? 하나님께 잘못을 행하고 그분의 사랑을

슬프게 만드는 것이 올바른 일인가? 더 이상 하나님을 노엽게 하지 말기를 바란다. 양심이 당신으로 하여금 하나님께 잘못을 저질렀다고 느끼게 하라. 그리고 하나님께 찾아와 용서를 빌고 마음의 변화를 받아라. 오! 성령님이시여, 모든 청년들이 이런 호소에 대하여 절실히 느끼게 하소서!

이 메시지는 현재와 관련이 있다. 당신에게 지금 가장 좋은 친구인 주님과 적대적인 관계에 있다는 사실을 상기시켜 주려고 한다. 당신은 그의 사랑에 모두 빚지고 있다. 당신은 주님을 슬프게 했다. 이유도 없이 주님의 적이 되었다. 당신은 이런 생각에 대해서 참을 수가 있는가?

어떤 어린아이가 잘못을 저질렀는데 그의 아버지가 말로 타이르다가 마침내 벌로 "나는 오늘밤 너에게 뽀뽀를 해줄 수 없다. 왜냐하면 네가 나를 매우 슬프게 했기 때문이다"라고 슬픈 목소리로 말했다. 그 말이 그 어린아이의 마음을 아프게 했다. 비록 매로 때리지는 않았을지라도 그 아이는 아버지의 얼굴에서 슬픔을 보았다. 그리고 그 아이는 그것을 견딜 수가 없었다.

그 어린아이는 울면서 용서해달라고 빌었다. 뽀뽀를 해주지 않는 것은 현명한 일로 생각했다. 그 아이는 침실로 갔다. 왜냐하면 매우 큰 잘못을 저질렀기 때문이다. 그러나 흐르는 눈물 때문에 잠을 이룰 수가 없었다. 어머니가 그 아이의 방으로 올라갔을 때 흐느끼는 소리를 들었다. 그리고 "저는 매우 나쁜 어린아이입니다. 기도를 들어주세요. 그리고 저를 용서해 주세요. 아버지에게 뽀뽀해 주라고 말해주세요"라고 하는 슬픈 음성을 들었다. 그 어린아이는 아버지를 사랑했다. 그리고 아버지를 슬프게 한 것을 견딜 수가 없었다.

자비의 자녀, 잘못을 저지르지만 하나님 아버지의 자녀인 당신이 그 아버지와 영원히 적대적인 관계에서 살 수 있는가? 당신은 "하나님께서 저 같은 사람도 용서해 주실까요?"라고 말한다. 무엇 때문에 그런 질문을 하는가?

하나님이 얼마나 선한 분인지를 알지 못하는가? 하나님은 탕자를 만나자마자 그의 목을 끌어안고 입맞춤을 해준 분으로 묘사하지 않았던가? 그 아들이 아버지에게 오기도 전에 아버지가 먼저 그에게로 달려갔다. 아버지는 흔쾌히 용서해 주셨다. 그러므로 아직도 아들이 멀리 있을 때 아버지는 그를 알아보고 달려가 자비를 베풀었다.

더 이상 우리가 먼 훗날에 일에 대해서 이야기한다고 말하지 말라. 사실상 그렇지 않다. 지금 현재 당신에 대해서 말하고 있는 것이다. 한시라도 하나님의 적으로 남아 있지 말라. 지금 당장 회개하는 자녀가 되어 따뜻한 아버지의 품으로 달려가라.

그러나 당신에게 이보다 더 큰 일을 상기시켜 주어야만 한다. 즉 당신은 위험에 빠져 있다. 당신이 하나님을 잘못 대접했기 때문에, 여전히 하나님의 적으로 남아 있기 때문에, 하나님께서는 반드시 공의로 찾아오셔서 당신이 저지른 허물(저지른 잘못) 때문에 벌을 주신다.

하나님은 공의의 하나님이시다. 모든 죄는 그분의 책에 기록된다. 그리고 그것은 심판 날까지 그곳에 남아 있다. 당신이 처해 있는 위험은 지금 이 순간이라도 무저갱에 빠질 수 있다. 당신은 한순간에 죽음에게 머리를 숙이고 창조주 앞에 서서 당신이 지은 죄에 합당한 벌을 받을 수 있다.

주 예수 그리스도를 믿는 사람들의 죄는 즉시 용서된다는 사실을 당신에게 말해 주려고 한다. 예수님을 믿는다면 당신의 죄가 아무리 많아도 모두 다 용서를 받는다.

예수님께서 자기를 믿는 모든 사람들의 죄를 대신 지시고 그들을 대신하여 그들의 죄에 대한 징벌을 받으셨다는 이야기를 알지 못하는가(이미 그 이야기를 수도 없이 들었다)? 예수님은 우리의 대속자가 되셨다. 우리를 하나님께로 인도하기 위해서 죽으셨다. 우리를 위하여 자기의 생명을 내놓으셨다.

"이는 그를 믿는 자마다 멸망하지 않고 영생을 얻게 하려 하심이라"(요 3:16).

당신은 그토록 값비싼 대가를 지불하고 샀는데 값없이 주어진 구원을 거절할 것인가? 지금 이 자리에서 그것을 받아들이지 않겠는가? 당신은 자신의 죄 짐을 견딜 수 있는가? 짧은 순간이라 할지라도 영원한 징벌의 위험에 거하고 있을 것인가? 당신은 지금처럼 지옥의 열려진 입 속으로 빠져 들어가는 것을 견딜 수 있는가?

하나님의 인내가 영원히 지속되지 않는다는 사실을 기억하라. 당신은 이미 충분히 오랫동안 하나님을 노엽게 해왔다. 모든 것들이 당신에 대하여 진력났다.

당신이 밟고 선 땅은 당신의 발밑에서 신음 소리를 낸다. 죄인이 그 땅을 밟는 것은 바로 그 땅을 모독하는 것이기 때문이다. 당신이 하나님의 적이 되는 한 돌들도 당신을 향해 소리를 지르며 모든 피조물들이 당신을 위협할 것이다. 당신이 즉시 파멸되지 않는다는 것은 놀라운 일이다. 이러한 이유로 인해서 당신이 지금 즉시 용서를 받고, 하나님의 진노로부터 해방되라고 권한다.

위험이 임박했다. 그러나 주님께서 구원해 주실 것이다! 당신은 말한다. "그러나 즉시 용서를 받을 수 있을까요? 예수 그리스도는 현재의 구세주입니까? 우리는 죽을 때에 그분을 발견할 수 있거나, 또는 평생 탐구한 후에나 자비의 소망을 얻을 수 있을 것이라고 생각합니다." 그렇지 않다.

값없는 은혜는 죄와 고통으로부터 즉각적인 구원을 선포한다. 바로 이 순간에 예수님을 바라보는 사람은 누구든지 그의 죄가 용서된다. 죄인이 주 예수를 믿는 순간에 지옥불의 위험에서 벗어난다. 사람이 그의 믿음의 눈을 예수 그리스도께로 돌리는 순간 임박한 진노로부터 구원을 받는다. 내가 당신에게 전하는 것은 현재의 구원이고, 이 구원이 가져다주는 현재의 위로이다.

다른 많은 이유들이 이 무거운 문제를 지극히 긴급한 것으로 만들어 준다. 그것들 중에는 다음과 같은 것들이 있다. 즉 당신의 마음에 어떤 질병이 있는데 그것은 죄의 질병이다. 그것은 즉시 치료해야 해야 한다. 어떤 사람이 그의 몸에 심각한

질병이 있는 것을 발견하고도, 병원에 갈 만큼 그 병이 더 커질 때까지 기다리겠다고 말하는 것을 결코 들어보지 못했다. 우리는 질병을 즉시 검사할 만큼 충분한 지각이 있다.

젊은 남성이여, 당신에게 암이 있다. 젊은 여성이여, 당신은 가슴속에 치명적인 질병이 있다. 당신은 지금 즉시 치료받기를 원하지 않는가? 당신이 예수님을 믿는다면 그분은 즉시 당신을 치료해 주신다. 건강해지기를 주저하는가? 그 치명적인 질병을 좋아하는가? 당신은 끔찍스러운 죄를 그토록 귀하게 여기는가?

즉시 구원해 달라고 부르짖어라. 그러면 예수님께서 당신의 기도를 들어주신다. 성령께서 당신에게 임하여 깨끗하게 해주시고 새로운 마음과 올바른 영을 주신다. 지금 이 시간부터 영원히 온전하게 해 주신다. 그런데도 당신은 그 큰 축복을 미루기를 원하는가? 병자는 아무리 빨리 치료해도 결코 지나치지 않다.

복음은 당신에게 현재의 복을 가져다준다. 그것은 현재의 용서와 현재의 칭의 이외에도 당신에게 현재의 중생重生, 현재의 양자養子, 현재의 성화聖化, 현재 하나님을 만나는 것, 믿음을 통한 현재의 평화, 환난의 때에 현재의 도우심 등을 가져다

준다. 그것은 당신의 삶을 두 배로 행복하게 해준다. 그것은 당신의 앞길을 위한 지혜가 되고, 당신의 싸움을 위한 힘이 되고, 당신의 슬픔을 위한 위로가 된다.

내가 개처럼 죽어야 한다고 해도 나는 여전히 크리스천이 되기를 원한다. 비록 사후의 세계가 없다고 해도(그런 가정은 참을 수가 없다), 나는 여전히 나의 사랑하는 주 예수를 위하여 살 것이다.

발람은 의로운 죽음을 선택했다. 나 역시 그것을 선택한다. 그러나 그와 더불어 나는 그의 인생도 선택한다. 왜냐하면 마음속에 하나님에 대한 사랑을 소유하는 것, 하나님과 더불어 화평하는 것, 믿음으로 하늘을 바라보는 것, 그리고 어린아이 같은 믿음으로 하늘에 계신 아버지와 대화할 수 있는 것 등이 현재의 기쁨이며, 이 세상 그 무엇보다도 가치가 있는 위로이기 때문이다.

청년들이여, 우리가 당신에게 복음을 전할 때에 미래의 세상뿐만 아니라 이생을 위해서도 좋은 것들을 전하고 있다. 당신이 예수를 믿는다면 지금 이 순간에 구원받는다. 그리고 지금 이 순간에 변치 않는 하나님의 은총을 누린다. 그러면 당신은 지금부터 다른 사람들처럼 살지 아니하고, 특별한 사랑을 받고 특별한 복으로 부요해진 하나님의 택한 백성으로서 예수님이 계신 곳에 올라가 함께 거할 때까지 모든 날 동안 즐거워할 것이다.

현재의 구원은 당신에게 주는 주님의 메시지이다. 그러므로 묵시는 먼 훗날에 일이며 예언도 먼 훗날에 대한 것이라는 말은 사실이 아니며 잘못된 것이다. 나의 말에 근거가 없는가? 그렇다면 그것을 포기하라. 당신은 이 논리에 반대할 수 있는가? 그렇지 않다면 연기하는 것을 중단하라. 나는 또다시 성령께 당신으로 하여금 즉시 결심할 수 있도록 인도해 주시기를 간구한다!

회심에 필요한 연결 고리

　루디아의 회심에는 흥미로운 점들이 많이 있다. 이것은 섭리적 환경에 의해서 이루어졌다. 그녀는 두아디라의 자주(자색 옷감) 장사였다. 이 도시는 염색업으로 유명했는데 호머 시대 이후로 매우 번창했다. 특히 섬세하고 귀한 자주를 생산하는 방법이 두아디라 여인들에게 알려졌던 것 같다.

　루디아는 빌립보 지역을 여행했다. 두아디라에서 상품을 만드는 동안에 그녀는 자신의 상품을 판매하기 위해 얼마 동안 빌립보에 거주했다. 그 두 장소를 오가는 데는 아주 쉬워서 그녀는 자주 여행을 다녔다. 하여튼 그녀의 회심할 시간이 다가

오자 하나님의 섭리에 의해 그녀가 그곳으로 왔다.

당신도 알고 있듯이 두아디라는 성령께서 바울로 하여금 그곳에 찾아가 설교하지 못하도록 금지한 지역에 있었다. 그러므로 루디아가 집에 있었더라면 진리를 들을 수 없었다. "믿음은 들음에서 나며 들음은 그리스도의 말씀으로 말미암았느니라"(롬 10:17). 그렇기 때문에 그녀가 그냥 집에 머물러 있었더라면 회심하지 못한 채 남아 있었을 것이다. 그러나 하나님의 섭리에 의해 적절한 시간에 그녀는 빌립보로 갔다. 이것이 첫 번째 연결 고리가 되었다.

그러면 바울은 어떻게 해서 그곳에 가게 되었는가? 무엇보다도 먼저 비두니아의 문이 닫혔다. 무시아를 여행하는 동안에도 침묵을 지켰다. 그는 해변을 따라 드로아로 갔다. 그는 푸른 바다 건너편을 바라보았다. 그리고 유럽에 복음이 필요하다는 사실에 대해 곰곰이 생각했다. 그러다가 잠이 들었다. 밤에 환상에서 그는 마게도니아로 가라는 명령을 받았다.

그는 배를 찾았다. 그 배는 사모드라게로 가는 것이어야만 했다. 그리고 그는 네압볼리에 상륙했고, 직감적으로 빌립보로 향했다. 다른 방향으로는 갈 수 없었다. 루디아가 그곳에 있었던 바로 그 시간에 그곳으로 갔다. 그는 강둑에서 작은 기도처를 발견했다. 루디아가 구원을 받도록 하나님께서 정하셨기 때문이다.

그녀의 섭리적 회심이라는 피륙(천)을 짜기 위해서 얼마나 많은 실들이 사용하셨는가! 이 경우에 하나님께서 모든 환경을 지배하셔서 그 여인과 그 사도가 같은 장소에 머물게 하셨다. 하나님의 섭리 가운데서 모든 것이 합력하여 택한 자의 구원이 이루어졌다.

루디아의 경우에 금지하는 섭리가 있었을 뿐만 아니라 그 영혼을 어떤 방법으로 준비시켜 주는 은혜도 있었다. 그 여인은 구세주를 알지 못했고 자기에게 평화를 가져다준다는 것도 이해하지 못했다. 그러나 그녀는 많은 진리를 알고 있었는데 이것이 예수님을 알게 되는 발판이 되었다. 그녀가 태어나면서부터 유대인 여자가 아니었다면 아마 개종자였을 것이다. 그래서 하나님의 말씀에 대해서 잘 알고 있었다.

그녀는 하나님을 경배하는 사람으로 유대인들 사이에서 가장 경건하게 경배하는 자들 중의 한 사람이었다. 그녀가 회당으로부터 멀리 떨어져 있었을지라도―어떤 사람들은 외국에 여행할 때에 주일을 잊어버림―안식일이 돌아왔을 때 그녀는 강변에 있던 어떤 기도처에 모인 소수의 사람들 중에 있었다.

그녀는 선지자 이사야의 글을 읽고 다음과 같은 말씀을 마음 속에 담아두고 기억했을 것이다.

"그는 멸시를 받아 사람들에게 버림 받았으며 간고를 많이 겪었으며 질고를 아는 자…… 그가 곤욕을 당하여 괴로울 때에도 그의 입을 열지 아니하였음이여 마치 도 수장으로 끌려가는 어린 양과 털 깎는 자 앞에서 잠잠 한 양 같이 그의 입을 열지 아니하였도다"(사 53:3, 7)

이디오피아의 내시처럼 그녀도 성경을 읽었다. 비록 가르쳐 주는 사람이 없었기 때문에 이해할 수 없었다 해도 그것이 그 녀의 마음을 준비시켜 주었다. 좋은 씨앗을 받아들이기 위해 서 땅을 갈았다. 단단한 바위가 아니었다. 그녀는 하나님을 진 지하게 경배했다. 이스라엘의 위로자인 메시아가 올 것을 기 대하고 하나님을 경배했다. 따라서 그녀의 마음은 복음을 받 아드릴 준비가 되어 있었다. 우리들 중에도 많은 사람이 그리 스도께서 은혜 가운데 우리에게 찾아오시기 전에 그리스도를 받아드릴 준비를 하고 있었다.

나는 그런 경우를 알고 있다. 경건한 아버지의 본보기와 온

유한 어머니의 교육이 우리의 마음을 부드럽게 해주었다. 우리가 구원을 받지 못하고 그리스도 밖에 있을지라도 우리는 벳세다 연못가에 놓여진 사람과 같았다. 치유의 강물 가까이 있었다.

우리의 경우, 다른 사람들처럼 갑작스럽고 놀라운 변화는 없었다. 이 모든 준비를 주권적 은혜의 덕분으로 돌려야만 한다. 은혜, 즉 값없는 은총은 구원적 은혜를 인식할 수 없는 곳에서도 많은 역할을 하기 때문이다. 은혜가 마음을 새롭게 해주기 전에도 우리로 하여금 은혜를 받을 수 있도록 준비시켜 주는 은혜가 있다는 뜻이다.

은혜는 정신에 활력을 불어넣어 주며, 편견으로부터 벗어나게 하며, 부정하고 회의적인 생각들을 없애 준다. 하나님의 은혜가 우리를 새 생명으로 인도해 줄 수 있는 발판을 만들어 준다.

루디아의 경우가 그러했고, 그런 경우의 사람들이 많다. 적당한 때가 오기 전에 섭리와 은혜는 서로 협력한다. 그녀의 회심은 수단을 사용하는 가운데에 이루어졌다. 안식일에 그녀는 사람들이 모인 곳으로 갔다. 사람들이 말씀을 듣지 않을 때에도 하나님께서는 위대한 역사를 행하시고 또 그들을 부르신다. 그러므로 우리는 그러는 동안에 하나님께서 그들을 만나 주실 것이라고 기대해야 한다.

유럽에서 최초의 회심자가 작은 기도처에서 나왔다는 것은 예상하기 어려운 일이다. 거기에는 단지 소수의 여인들만 있었다. 그곳에 바울과 그의 친구 누가 외에 다른 남자들이 있었다고 생각할 수는 없다. 이들은 우연히 그곳에 들렀다가 그 기도처에서 설교를 했다. 설교는 그녀의 마음을 여는 수단이 되었다. 은혜의 수단을 결코 무시하지 말라.

어디에 있든지 모이는 것을 잊어버리지 말라. 아직까지 당신이 회심하지 않았다 해도 하나님의 집에 대한 사랑과 그 백성들이 함께 모이는 장소에 대한 사랑을 간직하기를 바란다.

기도회를 사랑하라. 그것에 대해서 "그까짓 기도회쯤이야!"라고 말하지 말라. 하나님께서는 기도를 소중히 여기시고 예배를 드리기 위해서 그 백성들이 모인 것을 귀하게 여기신다. 비록 설교도 없고 안식일 예배도 없었을지라도 월요일 저녁, 그 작은 오두막집에 단지 소수의 여인들만 참석했을지라도, 당신은 하나님을 만날 수 있다는 소망을 가질 수 있다. 부지런히 수단을 사용하라. 문이 열려 있고 시간이 허락하는 한 자주 하나님의 집을 방문하라. 루디아의 회심은 수단을 사용하는 가운데서 이루어졌기 때문이다.

그것은 확실히 은혜의 역사였다. 왜냐하면 "주께서 마음을 열어"라는 말을 분명하게 들을 수 있기 때문이다. 그녀는 스스로 자신의 마음을 열지 않았다. 그녀의 기도가 마음을 열어 주지 않았다. 바울이 마음을 열어 주지 않았다. 주께서 직접 마음을 열어 주셔서 우리를 평화롭게 만들어 줄 것들을 받아 드리게 하신다.

인간의 마음에 구원 사역을 하시는 분은 오직 하나님이시다. 우리는 인간의 두뇌만 다룰 수 있을 뿐이다. 하나님만이 인간의 마음을 움직일 수 있다. 우리는 자연스럽고 평범한 방식으로 그들에게 접근한다. 그러나 하나님의 원수가 그의 친구가 되고, 돌 같은 마음이 부드럽게 변하는 것은 은혜의 역사다. 하나님의 권능만이 이것을 이룰 수 있다.

루디아는 세례를 받았다. 그러나 세례를 받았다고 해서 그녀의 선한 행실이 끝난 것은 아니었다. 그녀는 사도들을 집으로 초대했다. 그녀는 십자가에 못박힌 유대인의 추종자, 멸시받는 유대인 사도의 친구, 배교자, 변절자로 낙인찍히는 수치를 당할 것이다. 그래도 그들을 자기 집으로 초대했다. 비록 그들이 뭔가를 받는 것이 미안하다고 말할지라도 그녀는 그들에게 간청했을 것이다. 왜냐하면 그녀의 마음속에는 사랑이 있었기 때문이다. 관대한 마음도 있었다. 만일 그녀에게 한 조각의 빵이 있다면 자기를 그리스도께로 인도해 준 사람과 나누어 먹었을 것이다. 그녀는 선지자의 이름으로 냉수 한 그릇을 대접할 뿐만 아니라 자기 집을 피난처로 삼게 했을 것이다.

나는 인간의 본질에 영향을 미치지 못하는 회심은 대수롭지 않게 생각한다. 그리스도의 백성으로 가장하면서 단지 자신만을 위하여 살며 그리스도와 교회를 위해서는 아무것도 하지 않는 사람들은 중생의 슬픈 증거만을 제시할 뿐이다. 하나님의 백성들에 대한 사랑은 진정한 회심의 표시이다. 루디아를 보라. 그녀는 많은 사람들의 모범이다. 그녀의 경우를 거울로 삼고 "주여, 당신의 은혜에 따라 루디아를 본받게 하소서"라는 기도를 드려라.

"주께서 그 마음을 열어 바울의 말을 따르게 하신지라"(행 16:14). 의심할 여지도 없이 주님은 편견을 제거해 주셨다. 편견은 우리가 싸워야만 할 악이다. 루디아의 경우에는 유대인의 편견이 있었다. 그녀는 대부분의 유대인들처럼 나사렛 예수에 관한 소문을 들었을 것이다. 그녀는 자기 동족들이 그를 죽음으로 내몰고 자기 백성들이 "그 피를 우리와 우리 자손에게 돌릴지어다"(마 27:25)라고 말한 것을 알고 있었을 것이다.

사도 바울은 유대인들의 편견의 대상이었다. 그가 히브리서를 쓸 때에는 다른 서신들처럼 자기 이름으로 시작하지 않았다. 왜냐하면 그가 뛰어난 바리새인이었다가 크리스천이 되었다는 사실 때문에 히브리 사람들이 바울이라는 이름을 싫어한다고 생각했기 때문이다.

그러나 하나님께서는 루디아의 마음에서 이 모든 편견을 없애 주셨다. 그녀는 앉아서 바울의 말을 주의깊게 듣고 그 문제에 대해서 많이 생각하고 이것이 사실인지 아닌지 알아보려 했다. 이것은 마치 베뢰아 사람들이 마음을 열고 성경이 사실인지 아닌지를 알아보기 위해 탐구한 것과 같다. 마귀는 자주 사람들을 머리끝부터 발끝까지 갑옷으로 뒤집어씌운다. 하나님의 화살이 날아다니는 곳에서도 그들이 상처를 입을 가능성은 거의 없다. 왜냐하면 마귀가 그 갑옷의 이음새마다 편견이라는 못을 박아두었기 때문이다.

마음이 열렸을 때 그녀의 소망도 눈을 떴다. 그녀는 이 문제에 대해서 이해하기를 원했다. 사도가 영원한 구원에 대해서, 창세 전에 "죽임을 당한 어린양"(계 13:8)이신 분의 보혈로 주어진 완전한 용서에 대해서 말했을 때, 그녀는 자신에게 이렇게 말했을 것이다. "나는 이것에 대해서 알고 싶어. 이것이 사실이기를 바래. 이런 것들에 대해서 정말 관심이 있어." 그래서 그녀는 주의깊게 들었으며 하나님의 말씀으로 각인되기를 간절히 원했다.

그녀는 배고프고 목말랐다. 그런 사람들은 이런 축복을 받는다. "그들은 채워질 것이다." 우리가 하나님의 은혜로 배고프고 목마른 사람들을 만날 때 감사하다고 말해야 한다. 이것이 마음을 열어 주기 때문이다. 굴은 파도가 밀려올 때 껍질을 연다. 마찬가지로 은혜의 파도가 밀려올 때 하나님께서는 사람들의 마음을 열어 주신다. 그러면 그들은 영적인 것을 공급받는다.

소망이 눈을 떴지만 그것이 전부는 아니었다. 또 다른 종류의 열림이 찾아왔다. 즉 그녀의 이해력이 계발되었고, 이해력이 열렸다. 복음을 분명히 보았다. 그녀는 자신의 영혼이 원하는 만큼 복음의 높이와 깊이와 길이를 볼 수 있었다.

또 다른 것이 찾아왔다. 이제 그녀의 감정이 고조되었다. 자기 속에서 그분에 대한 사랑이 자라나는 것을 느꼈다. 그분은 하나님과 동등하셨지만 종從의 모양을 취하셨다. 바울이 그분의 고난에 대해서 묘사하는 것을 들었을 때, 그녀 스스로 십자가 주변의 광경을 그려보았을 때, 그녀는 죽음의 비명 소리를 듣고 피가 흘러내리는 것을 볼 수 있었다. 그녀는 '그래, 나는 그분을 사랑한다. 하나님을 사랑한다. 내 마음은 그분을 좇아가고 있다. 오, 나는 그분의 것이다' 라고 생각했다. 그리고 또 "나는 그 설교를 좋아합니다. 그 자비로운 교리들은 듣기에 너무나도 달콤합니다"라고 말했다. 그녀는 기뻐하기 시작했다. "즐겁게 소리칠 줄 아는 백성은 복이 있나니"(시 89:15). 비록 그들이 아직까지 하나님의 얼굴빛 가운데서 보지 못할지라도 약속이 있는 한 언젠가는 그렇게 될 것이다. 이 모든 것들이 "주께서 그 마음을 열어"라는 말 속에 포함되어 있다고 생각한다.

이제 그녀의 감정은 거룩한 것들을 향하여 타올랐다. 그러자 믿음이 찾아왔다. 그 모든 기록을 믿었다. 바울이 말했을 때 그녀는 메시아가 오셨다는 사실을 절대적 진실이라고 생각했다. 성경에 따르면 그분은 하나님의 아들이며 사람의 아들로 이 땅에 오셨다. 그분은 불의한 자들을 위해서 의로운 자로서 고난을 받으셨다. 그분을 믿음으로 말미암아 그녀의 죄가 용서되었다.

믿음은 들음에서 나온다. 그녀는 하나님의 말씀을 듣고 그

대로 믿었다. 자신의 영혼을 보혈이 흘러내리는 십자가 밑에 단순하고도 겸손하게 갖다놓았다. 그것이 하늘에서 떨어질 때 자기를 위해서 탄원해 주며, 그것이 자기에게 떨어질 때 예수 그리스도를 통해서 하나님과의 화평을 가져다주었다고 믿었다.

민음이 주어지자 모든 은혜가 뒤따랐다. 그녀는 자신의 죄를 미워하고 회개했다. 의를 사랑하고 성결을 추구했다. 하나님의 집에 대한 밝은 소망을 품었다. 이제 그녀는 그리스도의 명령에 순종하는 가운데서 거룩하고 행복한 느낌으로 달려가기 시작했다. 그녀는 기독교 교리를 믿었을 뿐만 아니라 계속해서 온전을 향하여 힘써 나아갔다. 민음에 용기를, 용기에 경험을, 경험에 형제애를, 형제애에 사랑을 더하게 되었다. 그녀는 하나님의 길로 힘써 나아갔다. 이 모든 일은 주님께서 그녀의 마음을 열어 바울이 말한 것들에 대하여 주목하게 해주셨기 때문에 이루어졌다.

지혜를 찾아가는 길

여왕들은 할 일도 많고 근심거리도 많다. 그러나 스바의 여왕은 솔로몬의 지혜를 구하는 것을 자신의 권위를 손상시키는 것으로 생각하지 않았다. 뿐만 아니라 그의 나라로 여행하는 것을 귀중한 시간을 낭비하는 것이라고 생각하지도 않았다.

많은 사람들은 시간이 없어서 예수 그리스도의 종교에 주목할 수 없다고 쓸데없는 변명을 늘어놓는다. 그들은 많은 가정일들이나 또는 바쁜 일, 해야 할 어려운 일들이 많기 때문이라고 한다. 그러나 이 여왕은 그와 같은 사람들을 책망하고 있다. 그녀는 자기 나라를 버려 두고 또 나라의 많은 근심거리들을 던져 버리고 지혜로운 왕의 말을 듣기 위해서 먼 길을 여행했기 때문이다.

그녀의 왕궁에는 의심할 여지도 없이 이미 지혜로 가득 차 있었을 것이다. 동방의 왕들은 항상 주변에 지혜로운 사람들을 불러모았다. 그 지혜로운 사람들은 왕의 후원을 받고 생계비와 명예를 얻었다. 스바의 여왕과 같이 학문을 사랑하는 왕의 궁전에는 분명히 박사와 지혜로운 사람들이 있었을 것이다. 그러나 그녀는 이미 알고 있는 것으로 만족하지 않았다. 거룩한 지혜를 추구하기로 결심했다. 솔로몬에 대한 명성을 들었다. 그녀는 당신을 책망하고 있다. 당신은 자기가 이미 충분하게 알고 있다고 생각하며, 자신의 소박한 지식으로 충분하다고 생각하면서 예수님의 발아래 꿇어앉지 않는다.

당신이 보다 밝은 계시의 빛을 받지 않고도 인간의 지혜가 충분한 빛이 될 수 있다고 생각한다면, 당신이 "이것들은 무지한 자나 가난한 자들을 위한 것이다. 우리는 이것을 듣지 않을 것이다"라고 말한다면, 이 여왕이 당신을 책망할 것이다. 그녀의 궁전이 지혜로 가득 차 있었을지라도 하나님께서 솔로몬에게 주신 지혜를 얻기 위해서 그 모든 것들을 버렸기 때문이다.

예수 그리스도의 지혜는 마치 태양이 촛불보다 위대하듯이 모든 인간의 지식을 초월한다. 그 둘 사이는 비교도 할 수 없고 대조도 할 수 없다. 지혜로 넘치는 샘으로 찾아오지 않고, 자신의 새는 물탱크를 신뢰하는 사람은 너무 늦게 깨달았기 때문에 자신이 어리석다는 것을 알 수 없다.

그 여왕이 솔로몬의 지혜를 듣기 위해서 아주 멀리서 왔다는 사실도 생각하라. 아라비아 벨릭스나 아비시니아로부터 여행한다는 것은 매우 멀고도 위험한 일이다. 그것은 오늘날보다도 더욱 심각한 문제이다. 그 여행은 느린 낙타 행렬로 이루어졌기 때문에 매우 긴 시간이 걸렸다. 마태가 말했듯이 "땅 끝에서"(마 12:42) 오려면 비록 바다는 건너지 않았다 해도 산을 오르고 사막을 가로질러야 했다. 그러나 어떤 어려움도 그녀를 막을 수 없었다. 그녀는 지혜에 대해서 들었고 그 지혜를 얻으려 했다. 그래서 아무리 멀고 험난한 여행일지라도 긴 행렬을 이끌고 담대하게 여행을 시작했다.

복음은 많은 사람들의 문 앞까지 전달되었다. 그러나 그들은 이것을 듣기 위해서 난롯가를 떠나려하지 않는다. 연약한 여자의 몸으로 사막을 가로질러 온 스바의 여왕은, 위대한 구원을 무시하고 구세주를 자기들과는 아무런 관계가 없는 것처럼 대접하는 사람들을 심판할 것이다.

이 여인은 솔로몬에게 이방인이었다는 사실도 잊지 말라. 그녀는 이미 종교가 있었다. 아마 일종의 우상숭배였을 것이다. 그 당시 스바의 사람들은 태양을 숭배했다. 이 시대의 많은 사람들은 "당신은 자신의 종교를 바꾸길 원합니까?"라고 말한다. 만일 당신의 종교가 잘못된 것이라면 그렇게 하겠다. 당신의 종교가 당신을 변화시켜 주지 못한다면 나는 당신의 종교를 바꾸도록 하겠다.

사람의 성품을 새롭게 하지 못하고 또 그를 거룩하게 만들어 주지 못하는 종교, 그의 신뢰를 변화시키지 못하고 그로 하여금 그리스도를 신뢰하게 하지 못하는 종교, 그를 머리끝부터 발끝까지 완전히 새로운 사람으로 만들어 주지 못하는 종교는 아무런 가치가 없다. 그런 종교는 빨리 버리면 버릴수록 더 좋다.

나의 어머니나 할머니가 눈이 멀었다고 해서 나도 눈이 멀어야 할 이유가 무엇인가? 당신은 자신의 책임하에 주님에 대하여 일어서든지 쓰러지든지 해야만 한다는 사실을 기억하라.

모든 영혼들은 각자 생명의 문으로 들어간다. 모든 영혼은 각자 죽음의 대문을 통과한다. 모든 사람들은 세상의 다른 사람들과는 관계없이 진리가 무엇인지 알기 위해 혼자서 탐구하여 그것을 알아내야만 한다. 자기 혼자서 주님의 편으로 찾아와야만 한다. 비록 당신이 다른 환경에서 성장했고 또 다른 종교를 신봉할지라도 우리는 당신이 하나님의 일에 대하여 주목하게 하려고 한다. 그 영들이 하나님으로부터 비롯된 것인지 아닌지를 시험해보라. 당신의 영혼이 속임을 당했을지라도 아직 바로잡을 시간이 있다. 당신이 진리를 발견하도록 하나님께서 도와주실 것이다.

멀리서 온 이 여인은 매우 값비싼 대가를 치른 여행을 했다는 사실도 주목할 가치가 있다. 그녀는 향품과 금과 보석을 짊어진 낙타들의 긴 행렬을 이끌고 왔다. 그녀는 자기 나라의 보물들을 귀중한 것으로 여겼다. 왜냐하면 그녀는 이것으로 지혜의 창고를 지키는 사람을 만났고, 보답할 수 있었기 때문이다. 주 예수 그리스도께서는 사람들에게 그들의 마음 이외에는 아무것도 요구하지 않으신다. 그분은 그들에게 진리를 팔지 않으신다. 그것을 돈 없이 값없이 공짜로 주신다. 사람들이 그것을 갖지 않으려 한다면, 그들이 귀기울이기를 거부하고 거룩한 것들에 대하여 생각하지 않으려 한다면, 그들에게는 변명의 여지가 없다.

이 이방인 여왕은 일어서서, 솔로몬의 인간적 지혜를 배우기 위해서 그에게 루비와 진주와 향품과 낙타를 주었다. 복음은 그것을 필요로 하는 모든 영혼들에게 값없이 주어진다. "너희 모든 목마른 자들아 물로 나아오라 돈 없는 자도 오라. 너희는 와서 사먹되 돈 없이 값없이 와서 포도주와 젖을 사라"(사 55:1). 만일 당신이 그리스도의 복음의 초대를 거절한다면 스바의 여왕이 일어나 당신을 심판할 것이라는 생각에 두려워 떨 것이다.

주목하라. 이 여왕은 초대를 받지 못했다. 솔로몬 왕은 결코 그녀에게 오라고 말하지 않았다. 전혀 구하지도 않고 예상하지 않았는데도 불구하고 그녀가 찾아왔다. 그러나 당신은 오라는 초대를 받았다. "성령과 신랑이 말하되 오라."

성경은 하나님의 초대장이다. 당신이 원한다면 그것을 얻을 수 있다. 그러므로 당신이 그 초대장을 받고, 또 구구절절이 여러 가지 훈계로 간청하는 말을 듣고도 오지 않는다면, 하나님의 섭리가 복음을 당신의 대문 앞까지 갖다놓으셨는데도 불구하고 예수님을 구하지 않는다면, 스바의 여왕이 정말로 당신을 정죄할 것이다.

그녀가 추구한 목적은 우리의 것과 비교해 볼 때 매우 열등

했다. 우리는 경솔한 영혼에게 하나님의 아들에 대하여 생각해보라고 말한다. 그러나 그녀는 사람의 아들을 보기 위해서 그 먼 거리를 여행했다. 지혜롭기는 하지만 자신의 지혜를 아주 조금만 나누어줄 능력을 가진 사람을 보기 위해서 그 먼 길을 여행했다. 반면에 우리는 죄인들에게 우리의 지혜와 의와 성화와 구원이 되시는 분에게 오라고 초대한다. 그리스도께서는 자기가 가진 모든 것을 기꺼이 주신다. 그분의 풍부하심은 단지 다른 사람들을 위한 풍부하심이다. 그의 충만하심은 우리가 받을 충만함이다.

그녀는 지혜를 가진 사람의 말을 듣기 위해서 갔다. 그러나 우리는 당신에게 지혜 그 자체이신 분에게 오라고 말한다. 당신은 솔로몬 왕에 대해서 말하는가? 우리는 그보다 더 위대한 왕에게 당신을 초대한다. 그분은 하늘과 땅과 지옥의 주인이시다. 당신은 솔로몬의 부에 대해서 말하는가? 우리는 은혜와 영광에 있어서 말할 수 없이 부요하신 분에 대해서 말한다.

그녀는 여행을 통해서 무엇을 얻으려고 했다. 그러나 그 가능성은 반반이었다. 그러나 그리스도께 나오는 자는 누구든지 모든 복으로 부요해진다. 주님과 거래한 영혼은 즉시 부요하게 되었다. 비록 그가 빈손, 가난, 연약함, 벌거벗은, 죄악됨으로 찾아왔을지라도 예수님으로부터 그분의 위대한 구원을 받는다면 결코 빈손으로 돌아가지 않는다.

이 여왕은 자신이 직접 탐구했다는 사실도 주목하라. 그 여왕은 그것으로 인해 칭찬을 받을 만하다. 그녀는 직접 그 일을 했다. 그녀는 외교관을 파견해서 그 문제에 대해 조사해보라고 말하지 않았다. 그녀는 직접 자기 자신의 책임하에 솔로몬을 보러갔다.

한번은 웰링톤의 공작이 자기 부하들 중 한 사람에게 성경에 대해서 불평한다고 책망했다. 그에게 성경을 읽어 본 적이 있느냐고 물었다. 다른 부하가 그는 성경을 읽지 않았다고 솔직히 고백했다. 그러자 공작은 자기가 알지도 못하는 것을 비난하는 것이 얼마나 비열한 짓인지 말해주었다. 그리스도를 반대하는 사람들 중 대부분은 결코 그리스도를 탐구해 본 적이 없다. 나는 확신한다. 어떤 사람이 구세주의 인격이나 그분의 은혜로운 사역에 대해서 올바르게 이해했다면 결코 그에 대해서 나쁘게 말할 수 없다.

왓츠Watts는 다음과 같이 말했는데 이것은 정확한 말이다.

"만일 열방들이 그의 가치를 안다면 온 세계가 그분을 사랑할 것이다."

여왕은 무엇보다도 먼저 솔로몬에게 갔다. 우리 주 예수 그리스도의 믿음을 배우는 방법은 그분을 찾아가는 것이다. "자기 마음에 있는 것을 다 말하매"(왕상 10:2). 이것이 바로 주님을 아는 방법이다. 주님께 마음속에 있는 모든 것을 말하라. 당신의 의심, 두려움, 강퍅한 마음, 회개하지 않는 마음 등 모든 마음을 고백하라.

자신을 알기 시작한 사람은 그리스도를 아는데 가까워지고 있다. 자신의 부패와 타락과 죄악과 부족함과 무능에 대해서 자신이 아는 만큼 말하는 사람은 곧 은혜스러운 평화의 응답을 받는다.

당신의 마음이 악하기 때문에 지체하지 말라. 그것은 당신이 생각하는 것보다 더욱 악하다. 그것을 있는 그대로 가지고 가서 예수님께 모두 다 말하라. 당신은 혈루증이 있는 여인과 같은가? 당신이 주님께 모든 사실을 말하기를 바란다. 그러면 주님께서는 "네 믿음이 너를 구원하였으니"(막 5:34)라고 말씀하실 것이다.

전지전능하신 분 앞에서 무엇을 숨기려 하는가? 주님은 당신의 마음 구석구석을 알고 계신다. 깊은 곳과 어두운 곳이 모두 다 주님의 손안에 있다. 당신이 주님께 모든 것을 말해야 한다면 왜 주저하는가? 당신의 마음에서 베일을 걷어내라. 그러면 자비를 발견할 것이다.

더 나아가 그녀는 솔로몬에게 자신의 어려운 문제들을 이야기했다. 그 문제가 무엇인지는 알지 못한다. 그러나 특별히 신경 쓰지는 않는다. 유대 랍비들은 매우 어리석은 해결책을 고안해냈다. 그들은 그것이 그녀의 어려운 문제들이었다고 한다. 그러나 당신이 우리의 솔로몬이 되시는 그리스도께 온다면 다음과 같은 것들이 당신의 어려운 문제들이 될 것이라고 생각한다.

"나의 주님이시여, 자비와 공의가 서로 충돌하는 것은 어찌된 일입니까? 어떻게 하나님께서 죄를 용서해 주시면서도 죄를 벌하실 수 있습니까?"

예수님은 당신에게 자신의 상처 입은 손과 발을 가리킬 것이다. 예수님은 당신에게 자신의 위대한 대속에 대해서 말씀해 주시고, 또 어떻게 하나님이 공의에서는 무서운 분이시고, 사랑에 있어서는 무한하신지를 말해 주신다. 그러면 당신은 예수님께 이렇게 질문할 것이다.

"어떻게 거룩한 하나님이 보시기에 죄 많은 피조물을 받아드릴 수 있습니까?"

주님은 당신에게 자신의 의에 대하여 말씀해 주신다. 그러면 당신은 어떻게 해서 구세주의 의로 옷 입은 죄 많은 영혼이 마치 범죄한 적이 결코 없는 것처럼 하나님 앞에 용납되는지를 알게 될 것이다. 그러면 당신은 또 예수님께 물을 것이다.

"예수님, 어떻게 해서 아무런 힘도 없는 연약한 영혼이 마귀와 싸울 수 있으며, 또 세상과 육체와 마귀를 이길 수 있는지 말씀해 주실 수 있습니까?"

그러면 예수님께서 대답해 주신다.

"나의 은혜가 너에게 족하도다. 나의 힘이 너의 연약함 가운데에서 완전해진다."

이런 식으로 모든 어려운 문제들이 응답된다. 이 선량한 여인은 자신의 의문점을 해결하려고 노력하는 가운데서 주의깊게 솔로몬이 말에 귀를 기울였다. 그녀의 모든 질문들에 대해서 그가 대답해 주었다. 그리스도와 두려워 떠는 영혼 사이에는 복된 교통함이 있다.

주님께 당신의 모든 실패에 대하여 말하면 주님은 당신에게 그의 모든 공로를 말씀해 주신다. 주님께 당신의 연약함에 대해서 말하면 주님은 당신에게 그의 모든 힘에 대하여 말씀하신다. 주님께 당신이 하나님으로부터 멀리 떨어져 있다고 말하면 주님은 당신에게 자신이 하나님과 가까이 있음을 말해 주신다.

당신이 주님께 당신의 마음이 얼마나 강퍅한지를 보여 주면 주님은 당신을 살리기 위해서 주님의 마음이 얼마나 상했는지를 말씀해 주신다. 두려워하지 말라. 오직 주님께 분명하게 밝혀라. 그리고 주님을 믿어라. 그러면 주님께서 당신에게 아름답게 계시해 주신다.

여왕은 자신의 진실을 가장 훌륭하게 증명해 줄 수 있는 행동을 했다. 즉 그녀는 솔로몬에게 자신의 모든 보화를 드렸다. "이에 그가 금 일백이십 달란트와 심히 많은 향품과 보석을 왕에게 드렸으니 스바의 여왕이 솔로몬 왕에게 드린 것처럼 많은 향품이 다시 오지 아니하였더라"(왕상10:10).

이와 마찬가지로 그리스도의 아름다움을 아는 영혼들은 자기들이 가진 모든 것을 주님께 드린다. 새로 회심한 영혼으로부터 나오는 것만큼 향기로운 향품은 없다.

그 백성의 사랑보다도 더욱 그리스도를 기쁘게 해드릴 수 있는 것은 없다. 우리는 우리의 사랑이 매우 보잘것없고 평범한 것이라고 생각한다.

그러나 주님께서는 그렇게 생각하지 않으신다. 주님께서는 그것을 비축해 놓으셨다가 우리를 구속하기 위해서 보혈을 주셨다. 우리를 그처럼 비싼 값을 지불할 만한 가치가 있는 존재로 보신다. 결코 손해보는 장사를 했다고 생각하지 않으신다. 주님께서는 우리의 작은 사랑을 천사들이 하늘의 보좌 앞에서 노래하며 주님께 드리는 것보다 더 훌륭한 향품으로 간주하신다.

지금 그리스도를 위하여 무엇을 하고 있는가? 우리는 주님께 황금을 가져다드리는가? 아마 당신은 황금 일백이십 달란트는 가지고 있지 않을 것이다. 그러나 한 달란트라도 가지고 있다면 그것을 드려라. 당신은 많은 향품은 갖고 있지 않을 것이다. 그러나 당신이 가지고 있는 것을 드려라.

소리 없지만 진지한 당신의 기도, 거룩하고 일관성 있는 생활, 때때로 그리스도를 위하여 하는 말, 자녀들을 양육하는 일, 가난한 자들에게 음식을 주는 일, 헐벗은 자에게 옷을 입혀주는 일, 병자를 심방하는 일, 애통하는 자를 위로해 주는 일, 방황하는 자를 붙들어 주는 일, 타락한 자를 회복시켜 주는 일, 주님께서 피로 값 주고 사신 영혼들을 구원하는 일, 이 모든 것들은 향품을 가득 실은 낙타와 같은 것이며 지극히 높으신 자가 열납하실 만한 선물이다.

여왕이 이렇게 드렸을 때 솔로몬도 그 여왕에게 선물을 주었다. 그녀는 아무것도 잃지 않았다. 그녀는 자기가 가져온 모든 것을 드렸다. 그러자 솔로몬도 그녀에게 그만큼 많은 것을 주었다. 솔로몬 왕의 관대한 마음은 결코 남에게 뒤지지 않았다. 그는 고귀한 마음을 가진 왕이었으며 또한 부자였다.

예수 그리스도께서도 결코 당신에게 빚지지 않으신다. 그리스도께 드리는 것이 바로 얻는 것이다.

우리가 주님께 펜스로 드린다면 우리에게 파운드로 갚아 주실 것이다. 주님을 위하여 수년 간 수고한다면 영원한 안식을 주신다. 주님께 며칠 간의 인내를 드린다면 영원한 기쁨을 주신다. 주님께 약간의 고난을 드린다면 주님은 큰 보상을 주신다.

"생각하건대 현재의 고난은 장차 우리에게 나타날 영광과 비교할 수 없도다"(롬 8:18).

주님께서 우리에게 은혜의 언약 가운데서 주신 것 이외에도 솔로몬이 그녀에게 해준 것과 같은 것을 우리에게 해주신다. 주님께서는 우리가 마음속에 담아둔 모든 것, 바라는 모든 것을 주신다. 우리의 구세주는 얼마나 위대한 왕이신가? 그분은 그 백성들이 바라는 것을(만일 그것이 선한 것이라면) 채워주지 않거나 그냥 보내지 않으신다. 두드리라. 그러면 문은 열릴 것이다. 주님께서는 "너의 입을 크게 벌려라. 그러면 내가 채워 줄 것이다"라고 말씀하셨다. 그리고 또 "너희 믿음대로 될지어다"라고도 말씀하셨다.

> "너희가 기도할 때에 무엇이든지 믿고 구하는 것은 다 받으리라"(마 21:22).

이 얼마나 귀한 약속인가? 이 모든 것들은 겸손한 자세로 찾아와 먼저 그리스도를 얻고 나머지 것들은 그 다음에 얻으려고 하는 자들에게 주어진다.

회심의 날을 멀리 연기하라

인자야 이스라엘 족속의 말이 그가 보는 묵시는 여러
날 후의 일이라 그가 멀리 있는 때에 대하여 예언하였
다 하느니라 (겔 12:27)

어떤 사람은 영광의 주님께서 그 종들을 보내 사람들에게
구원의 길에 대해서 말하게 하신다면 모든 인류가 즐거운 마
음으로 그 메시지를 들을 것이라고 생각했다. 우리는 자연히
사람들이 즉시 무리를 지어 달려와 모든 말씀을 듣고 하늘의
명령에 순종할 것이라는 결론을 내릴 수 있다.

그러나 사실은 그렇지 않다. 하나님에 대한 사람의 반대는
너무나도 깊고 완고하다. 옛날 선지자들은 "누가 우리 말을

믿었느냐?"라고 부르짖을 수밖에 없다. 하나님의 종들은 목이 곧은 세대와 직접 대면하게 되었다. 그들은 그들의 열조와 마찬가지로 성령을 거역했다. 사람들은 하나님의 사랑의 메시지를 거절할 구실을 찾는데 비상한 재주를 보였다. 그들은 구원을 찾는 것이 아니라 구원을 거절할 이유를 만드는데 놀라운 기술을 보여 주었다. 그들은 은혜를 피하고 파멸을 자초하는 일에 기민함을 보였다. 그들은 예수 그리스도의 복음의 은혜로운 화살을 막기 위해서 처음에는 이 방패를 잡았다가 나중에는 다른 방패를 잡았다. 그런데 그 복음은 그들의 가슴속에 잠복해 있는 치명적인 죄를 죽이기 위한 것이다.

본문에 언급한 악한 논리는 에스겔 시대부터 지금 이 순간까지 사용하고 있다. 사탄은 수없이 사용했다. 사람들은 바로 그런 수단을 통해서 지옥에 가는 것을 지연시켰다. 사람의 아들들은 주 예수께서 십자가에서 이루신 위대한 대속에 대해서 듣고 또 그 안에서 영생을 붙잡으라는 명령을 받고도 복음에 대하여 이렇게 말했다. "그가 보는 묵시는 여러 날 후의 일이라 그가 멀리 있는 때에 대하여 예언하였다"(겔 12:27).

다시 말하면 그들은 우리가 말하는 문제들이 임박한 중요성을 지닌 것이 아니라 연기해도 괜찮은 것이라고 주장한다. 그들은 신앙이란 연약한 사람들이나 노약자들을 위한 것이며 건강한 사람들을 위한 것은 아니라고 생각한다. 우리가 "모든 것은 준비되어 있습니다. 와서 저녁식사를 하십시오"고 초대할 때 그들은 다음과 같이 대답한다.

"신앙이란 내세를 위해 준비하는 것입니다. 그러나 내세는 아직 나와 거리가 멀리 떨어져 있습니다. 나는 지금 인생의 전성기에 있습니다. 죽음을 준비하기에는 아직도 많은 시간이 남아 있습니다. 당신의 신앙은 지하실 냄새와 벌레의 냄새가 납니다. 나는 젊었을 때에 즐겁게 놀겠습니다. 인생을 좀더 즐기고 사업에 성공하고 또 은퇴하여 저축한 것으로 생활하고 난 이후에 내세에 대하여 심각하게 생각해도 될 것입니다.

신앙은 시들어 노랗게 변한 낙엽 같은 사람들을 위한 것입니다. 생명이 시들어 가는 사람들을 위한 것입니다. 새들이 짝을 짓고 앵초 꽃이 떠오르는 태양을 향하여 미소 짓는 봄을 위한 것은 아닙니다. 당신은 여러 날 후에 찾아올 일들에 대해서 예언하며 먼 훗날에 대해서 예언하고 있는 것입니다."

이렇게 말하는 젊은이는 거의 없다. 그러나 많은 사람들이 속으로 그렇게 생각하고 있다. 그들은 이런 생각으로 "너희가 그의 음성을 듣는다면 오늘날 너희 마음을 강팍해 하지 말라"

는 성령의 훈계를 거부한다. 그들은 마치 그것이 가장 평온하고 가장 밝은 날이 아니라 폭풍과 두려움의 날인 것처럼 회심의 날을 연기한다. 그러나 사실상 그것은 영혼이 천국과 결혼하는 날이다. 회심하지 못한 모든 사람들은, 구세주의 사랑의 음성에 귀를 막기 위해서 어떤 변명을 하는지 하나님께서 모두 다 알고 계신다는 사실을 기억해야만 한다. 당신은 그것을 감히 말로 표현하지는 못할 것이다. 당신의 양심이 너무나도 놀랄 것이기 때문에 감히 그렇게 할 수 없다.

그러나 하나님께서는 그 모든 것을 알고 계신다. 하나님께서는 당신의 변명이 얼마나 공허하고, 어리석고, 사악한지를 알고 계신다. 하나님께서는 당신의 거짓말에 속지 않으시며, 변명 때문에 연기하지 않으신다. 주님의 비유를 기억하라. 한 달란트를 가진 사람이 그 주인을 어려운 사람으로 생각한다고 고백했을 때 그의 말대로 되었으며, 그의 입으로 자신을 정죄했다는 사실에 주목하라.

초대받은 손님들 중에서 그들의 농장과 사업을 구실로 내세운 사람들의 경우에는 그들의 말에 아무런 무게도 없었으며 단지 다음과 같은 선고를 받았을 뿐이다. "내가 너희에게 말하노니 전에 청하였던 그 사람들은 하나도 내 잔치를 맛보지 못하리라"(눅 14:24).

하나님께서는 당신의 변명이 부질없는 일이라는 것을 알고 계신다. 하나님께서는 당신이 그것에 대해서 의심하며, 또 그것에 대하여 진지하게 고려하기 위해서 그것을 주목하지 않는다는 사실도 알고 계신다. 당신은 자신을 속여서 양심을 편안한 상태로 하기 위해서 열심히 노력한다. 그러나 영혼 속 깊은 곳에서는 자신의 거짓됨을 수치스럽게 여긴다.

당신이 칠십 년 동안 살 것이라고 가정해보라. 젊은이여, 비록 당신이 죄 가운데 있다 해도 하나님께서 당신을 머리에 흰 눈이 내릴 때까지 살려 주실 것이라고 가정해보라. 젊은이여, 당신의 이마에 주름살이 잡히고 현재의 젊은 안색이 무덤을 피할 수 있을 것이라고 가정해보라. 비록 그렇다 해도 당신의 인생은 얼마나 짧은가! 아마 칠십 년은 긴 세월이라고 생각할 것이다.

그러나 칠십 년을 산 사람이 뒤돌아볼 때에는 그들의 나이가 한 뼘밖에 되지 않는다고 말한다. 나는 해마다 그 전 해보다 더욱 신속히 지나가는 것을 느낀다. 주마다 달마다 눈 깜짝할 사이에 지나가 버린다. 사람이 늙으면 늙을수록 인생은 더욱 짧아 보인다.

야곱이 아주 나이가 많았을 때 "내 나그네 길의 세월이 백 삼십 년이니이다 내 나이가 얼마 못되니 우리 조상의 나그네 길의 연조에 미치지 못하나 험악한 세월을 보내었나이다"(창 47:9)라고 한 것은 놀라운 일이 아니다.

사람은 그의 주변과 비교해 볼 때 매우 짧게 산다. 사람은 마치 유성이 밤하늘을 스치고 지나가듯이 이 세상에 왔다가는 사라진다. 시냇물이 졸졸 흐르는 소리를 들어 보라. 명상에 잠긴 귀는 그것이 졸졸 흐르는 소리를 들을 수 있다.

"사람들은 왔다가 가지만 나는 영원히 흘러가노라."

저쪽에 서 있는 고색창연한 참나무를 보라. 그것은 오백 년 동안 비바람과 싸웠다. 그 그늘에 기대선 사람은 얼마나 어리게 보이는가! 수많은 세월 동안 폭풍우와 싸워 온 거대한 바위 옆에 서 보라. 그러면 당신은 마치 자신이 곤충처럼 느껴질 것이다. 칠십 년을 산 사람들이 그들의 소년 시절을 되돌아볼 때 마치 어제의 일처럼 느껴질 것이다. 그들에게 물어 보라. 그들은 자기들의 인생이 눈 깜짝할 사이에 지나갔다고 말할 것이다. 그것은 마치 꿈이나 번개처럼 지나가 버렸다.

6. 회심의 날을 멀리 연기하라

"인생이 무엇인가! 안개에 지나지 않는다. 그리고 그것
은 곧 사라져 버린다."

그러므로 "이 일은 멀리 있는 때에 대한 것이다"라고 말하
지 말라. 비록 우리가 당신에게 매우 긴 인생을 보장해 준다
해도 그것은 단지 한 뼘에 지나지 않는다.

그러나 이러한 사실 뒤에 결코 잊어버려서는 안 되는 것이
있다. 즉 우리들 중에서 어느 누구도 칠십 년을 살 것이라고
확실하게 보장할 수는 없다. 우리는 강건하면 그럭저럭 팔십
년을 살 수도 있다. 그러나 아무도 그렇게 될 것이라고 확신할
수는 없다. 우리들 중 대부분은 그 나이가 되기 오래 전에 사
라져 버릴 수도 있다. 아니 그 절반 동안 살 것이라는 보장도
없다. 청년들이 중년의 나이까지 살 수 있을 것이라고 확신할
수도 없다.

당신이 올해 연말까지 살아서 새해의 종소리를 들을 수 있
을지도 확신할 수 없다. 내일이 가까이 있다고 자랑하지 말라.
왜냐하면 그것도 결코 오지 않을 수도 있다. 비록 내일이 온다
해도 그것이 당신에게 무엇을 가져다줄지, 관이나 수의를 가
져다줄지 알 수가 없다. 아니 바로 오늘밤에 눈을 감고 머리를

베개 위에 얹었을 때에도 그 친숙한 방을 또다시 보거나 그 방을 나가 일상 생활을 할 수 있을지도 확신할 수 없다.

그러므로 당신에게 평화를 가져다주는 것들은 먼 훗날의 일들이 아니라는 사실이 분명하다. 덧없는 인생이 그것을 바로 이 시간에 필요로 하는 것으로 만들어 준다. 당신은 무덤으로부터 멀리 떨어져 있지 않다. 이 글을 읽기 시작할 때보다도 더욱 그것에 가까이 다가가 있다. 어떤 사람들은 자기가 생각하는 것보다 훨씬 더 그것에 가까이 가 있다.

어떤 사람에게는 이러한 사실이 매우 강조적으로 다가온다. 왜냐하면 그들의 직업이 너무나도 위험하기 때문에 날마다 그들을 무덤으로 데려가는 수많은 길들을 제공해 주기 때문이다. "치명적인 사고" 또는 "급사" 등과 같은 단어들을 접하지 않고 신문을 볼 수 있는가?

여행도 많은 위험들을 내포하고 있다. 길을 건너는 것도 매우 위험하다. 사람들은 자기 집에서도 죽는다. 많은 사람들이 일상적인 일을 하다가도 죽음을 맞이한다. 배를 타고 바다로 나가는 사람이나 땅속 깊이 있는 광산에 내려가는 사람들에게는 이것이 얼마나 실감 있게 다가오는가!

그러나 사실상 죽음으로부터 안전한 직업은 없다. 칼뿐만 아니라 바늘도 사람을 죽일 수 있다. 화상이나 낙상으로도, 질병이나 전투만큼 쉽사리 생을 마감할 수 있다. 직업상 사다리를 올라가야만 하는가? 그것은 그리 위험한 일은 아니다. 그러나 발을 헛디뎌서 땅으로 떨어져 다시는 일어나지 못한 사람에 대하여 들은 적은 없는가? 당신은 건축 자재들이 분주하게 운반되는 가운데서 일하고 있을 수도 있다. 당신은 돌이 떨어져 일꾼들의 머리에 치명적인 상처를 입혔다는 말을 들은 적은 없는가?

　"위험은 사방에 도사리고 있으면서
　무덤을 향해 우리의 등을 떠미네.
　치명적인 질병들이 사방에 도사리고 있으면서
　죽을 인생들을 서둘러 본향으로 보내려 하네."

　모든 것들이 위생법에 의해서 처리함에도 불구하고 질병은 결코 없어지지 않는다. 도살자가 황소를 죽이듯이 사람들을 순식간에 쓰러뜨리는 심장마비도 드물지 않다. 죽음은 이미 여러분의 동료들 중에서 많은 사람들을 데려 갔다.

　여러분은 발라클라바(Balaklava, 크림 전쟁시의 옛 전쟁터-역주) 전투지에 있던 군사들처럼 인생의 전투를 치르고 있다. 이러한 전투 중에 당신이 젊었다고 해도 좌우에 있던 말안장들이 텅 비어 있는 것을 목격한다. 그 당시 살아 남았을지라도 죽음이 살짝 비켜서 지나갔을 뿐이다. 파멸의 화살이 또 다른 목표물을 찾기 위해서 당신의 귓전을 스치고 지나갔을 뿐이다.

어떤 사람들은 체질이 매우 허약하다. 아름다운 딸들이 그 뺨에 폐병의 징조가 나타나는 것을 볼 때 나를 슬프게 한다. 얼굴에 번지는 창백한 불꽃, 이상한 눈빛은 생명을 갉아먹고 생명을 소멸시키는 징조라는 사실을 매우 잘 알고 있다.

청년들이여, 여러분들 중에서 많은 사람들은 육체적인 상태 때문에 중년의 나이까지 겨우겨우 살아갈 수도 있고, 30세나 40세 이상까지 살아남지 못할 수도 있다. 여러분들 중에서 어떤 사람은 심지어 걸을 때에도 피곤함을 느낀다. 그것은 탈진과 쇠약의 징조이다.

우리가 여러분에게 죽음을 준비하라고 말할 때 어떻게 감히 우리가 먼 훗날의 일들에 대해서 이야기한다고 말할 수 있는가? 어리석은 자가 되지 말라. 이러한 경고들이 여러분을 어떤 결심으로 인도해 주기를 애원하는 것이다.

결코 여러분에게 쓸데없는 경고를 하려는 것이 아니다. 정말 그것이 불필요한 일인가? 여러분을 너무나도 사랑하기 때문에 이유 없이 괴롭히지 않는다. 정말로 거기에 어떤 충분한 이유가 없겠는가? 여러분을 사랑하기 때문에 강조한다. 지금 와서 내 말에 대답하라. 여러분을 위한 걱정이 잘못된 것이 아니라는 사실을 여러분 자신의 이성이 말해주고 있지 않는가? 여러분의 마음을 즉시 구속자에게 드리고 구세주의 호소에 순종해야 하지 않겠는가? 시간은 짧다. 시간이 급히 날아가 버리기 전에 그 순간을 잡아라.

여러분이 사고나 열병이나 급사를 피할 수 있다고 해도 우리가 너무나도 자주 망각하고 있는 한 가지 사건이 있다는 사실도 기억하라. 그것이 갑자기 여러분의 자비의 날을 종식시킬 것이다. 여러분은 나사렛의 예수 그리스도께서 갈보리 십자가 위에서 못박혀 돌아가시고 무덤에서 장사되었다는 사실을 결코 들은 적이 없는가? 그분이 3일째 되던 날에 다시 부활하시어 잠시 동안 제자들과 함께 보내신 후에 그들을 감람산 꼭대기로 데리고 가셔서 그들이 보는 앞에서 승천하시어 구름이 그분을 가리워 보이지 않게 되었다는 사실을 알지 못하는가? 여러분은 "너희 가운데서 하늘로 올려지신 이 예수는 하늘로 가심을 본 그대로 오시리라"(행 1:11)고 말한 천사들의 말을 잊어버렸는가?

예수님은 세상을 심판하기 위하여 반드시 재림하신다. 그날과 그 시는 아무도 모른다. 천사들도 모른다. 그는 마치 한밤중의 도둑처럼 불경건한 세상에 오신다. 그들은 마치 노아가 방주에 들어갔을 때 그 당시 사람들처럼 먹고 마시고 시집가고 장가갈 것이다. 노아 시대도 홍수가 나서 휩쓸어 버릴 때까지 아무것도 알지 못했다. 갑자기(우리는 그때가 언제일지 말할 수 없다. 다음 말이 내 입술에서 나오기도 전에 그때가 될 수도 있다) 그 어떤 인간의 목소리보다 훨씬 더 큰 소리가 세상의 소란스러운 소리나 바다의 으르렁거리는 소리보다도 더 크게 들릴 것이다.

나팔소리가 인자의 날을 선포할 것이다. "보라 신랑이로다 맞으러 나오라"(마 25:6)는 소리가 온 교회에 울려 퍼질 것이다. 세상에 대해서는 다음과 같은 클라리온 곡조가 울려 퍼질 것이다. "볼지어다 그가 구름을 타고 오시리라 각 사람의 눈이 그를 보겠고 그를 찌른 자들도 볼 것이요"(계 1:7).

예수님은 오늘밤에 오실 수도 있다. 그렇다면 내가 먼 훗날의 일을 말하고 있다고 할 수 있겠는가? 예수님께서도 "보라 내가 속히 오리니"라고 말씀하지 않으셨는가? 그분이 지체하시는 것이 우리에게는 길 수도 있으나 하나님께는 매우 짧은 시간이다. 우리는 주님이 하늘에서 오시는 것을 시간마다 바라보고 날마다 기다리며 준비하고 있어야 한다. 주님께서 재림을 지연시킨다고 말하지 말라. 왜냐하면 그것은 사악한 종의 말이기 때문이다.

그것은 말세의 조롱하는 자들의 특징이다. 그들은 "그가 재림하신다는 약속이 어디에 있느냐?"라고 말한다. 조롱하는 자가 되지 말라. 예언자의 음성과 하나님의 말씀을 들어라. "내가 속히 오리니"(계 3:11). "이러므로 너희도 준비하고 있으라 생각하지 않은 때에 인자가 오리라"(마 24:44).

복음의 메시지가 또 다른 세상에서 우리의 생명에 관해서만 말한다 해도 "그가 보는 묵시는 여러 날 후의 일이라 그가 멀리 있는 때에 대하여 예언하였다"(겔 12:27)라고 말하는 것은 분명히 지혜롭지 못한 일이다.

젊은이의 눈을 열어 주소서

기도하여 이르되 여호와여 원하건대 그의 눈을 열어서 보게 하옵소서 하니 여호와께서 그 청년의 눈을 여시매 그가 보니 불말과 불병거가 산에 가득하여 엘리사를 둘렀더라 (왕하 6:17)

특히 청년들은 적을 친구로 오해하는 경향이 있다. 그들은 적의 거짓되고 아첨하는 말을 믿으며 파멸에 이른다. 우리는 어떤 친구들이 영혼의 적을 보기 위해서 그들의 눈이 열려지기를 기도한다. 적은 다양한 가면을 쓰고 있다. 많은 사람들이 적의 계략에 무지하다는 사실이 두렵다.

적은 그들에게 술잔을 내민다. 그러나 그 거품 속에는 사망이 숨겨져 있다. 적은 '쾌락'에 대해서 이야기한다. 그러나 육체의 정욕 가운데 있는 쾌락은 그림자에 지나지 않는다. 그 본질은 불행이다. 적은 분별력이라는 가면을 쓰고 청년들에게 "기회를 잡아라"고 부추긴다. 그들이 돈을 벌 때까지 신앙을 버리라고 말한다. 그러나 하나님을 버리고 얻은 이득은 결국 영원한 손실로 입증된다.

마귀는 뱀인데, 뱀은 포효하는 사자보다 더 큰 해악을 끼친다. 우리가 마귀를 만나고 또 그가 어떤 존재인지를 알 수만 있다면 더 쉽게 그를 이길 수 있다. 그러나 우리는 빛의 천사로 가장한 마귀를 상대해야만 한다. 마귀를 보려면 수많은 눈이 필요하고 그 눈들이 하나님에 의해서 열려져야만 한다. 이보다 더 나쁜 것은 때때로 마귀가 전혀 나타나지 않고 단지 우리의 토대를 허문다는 사실이다.

마귀는 우리의 발밑에 함정을 판다. 마귀는 멀리서 활을 쏜다. 마귀는 어둠 속에서 행하는 전염병을 보낸다. 그러므로 우리는 육신의 눈보다도 더 좋은 눈을 가져야 한다. 이제 막 집을 떠나 세상으로 향하는 청년들을 위하여 "오, 주여! 그 젊은이가 볼 수 있도록 그의 눈을 열어 주소서!"라고 기도한다. 그가 진리 아래에 숨겨진 거짓과, 교만을 감싸고 있는 비천함과

학식으로 포장된 어리석음과 쾌락이라는 옷을 입고 있는 죄악을 간파할 수 있기를 기원한다! 여러분이 마치 덫에 걸린 새처럼 되지 않기를 바란다. 청년들이 도살장에 끌려가는 황소처럼 유혹의 손길에 이끌리지 않기를 바란다.

인생을 시작하는 청년들을 위하여 엘리사와 같은 기도를 드리자. 하나님께서 그들의 눈을 열어 죄를 죄로 보게 하시고, 악은 결코 선이 될 수 없고, 거짓말은 결코 진실이 될 수 없고, 하나님께 등을 돌리는 것은 결코 행복의 길이 될 수 없음을 보게 하소서!

우리는 무소부재하시고 만물을 감찰하시는 하나님을 보기 위하여 사람들의 눈을 열기를 원한다. 많은 사람들에게 이처럼 눈을 뜨는 일이 필요하다. 하나님은 모든 곳에 계시지만 대부분의 사람들은 그분을 볼 수 없다는 것이 슬프지만 진실이다. 태양이 빛을 발하게 하시는 하나님을 볼 수 없는 사람은 정말로 눈먼 사람이다.

우리의 눈이 열리기 전에는, 비록 하나님이 매 순간마다 우리 주변과 우리 안에 계실지라도, 우리가 아침에 일어나 밤에 잠들 때까지 하루 종일 하나님을 보지 못한다. 우리는 1월의 첫날부터 12월의 마지막 날까지 살고 있다. 하나님께서 항상 우리를 보고 계실지라도, 은혜의 기적으로 말미암아 우리의 눈이 열리기 전에는 결코 하나님을 볼 수 없다.

우리는 위대한 창조주께서 만드시고 그 자신의 작품으로 가득 채우신 이 놀라운 세상에서 살고 있지만 하나님을 보지 못한다. 어떤 사람은 창조주가 없다고 주장할 만큼 눈이 멀었다. 그들은 지극히 지혜로우시고 능력이 많으신 창조주가 존재한다는 사실에 대한 증거를 인식하지 못한다. 주 예수께서 눈먼 자들의 눈을 열어 주시기를 기원한다!

어떤 잘못 때문이 아니라 단순한 망각 때문에 눈먼 자들도 하갈처럼 "나를 살피시는 하나님을 뵈었는고"(창 16:13), 그리고 욥처럼 "이제는 눈으로 주를 뵈옵나이다"(욥 42:5)라고 부르짖게 되기를 바란다. 하나님께서 사람들에게 그 자신의 존재를 확신시켜 주신다면 그것은 얼마나 큰 은총이겠는가?

특히 인생을 시작하는 청년들에게는 더욱 그렇다. 하나님께서 우리가 행하는 모든 것을 살피신다는 사실을 분명하게 인식하는 것은 시험을 당할 때에 우리를 지켜줄 것이다. 우리가 하나님의 눈길을 기억할 때 요셉처럼 "그런즉 내가 어찌 이 큰 악을 행하여 하나님께 죄를 지으리이까"(창 39:9)라고 부르짖을 것이다.

여러분 자신을 본다는 것은 좋은 일이다. 그러나 하나님을 본다는 것은 더욱 좋은 일이다. "오, 주여! 젊은이의 눈을 열어 그가 당신을 보게 하소서!"라고 기도하자.

사람이 자기의 적과 자기의 가장 훌륭한 친구인 주님을 보기 시작할 때 우리는 "주여, 그의 눈을 열어 구세주를 통한 구원의 길을 보게 하소서"라고 기도할 것이다. 주님의 빛이 아니면 주 예수님을 볼 수 없다. 우리는 주님으로부터 오는 빛으로 주님을 바라본다.

단순한 말과 비유로 사람들에게 구원에 관하여 수없이 설명하려고 애썼다. 그러나 설명보다도 더 큰 무엇이 필요했다. 분명하게 말하는 것은 옳은 일이다. 그러나 분명한 말보다도 더 큰 무엇이 필요하다. 촛불이 아무리 밝을지라도 눈먼 자는 아무것도 볼 수 없다.

계속적으로 "주여, 내 입을 열어 주소서!"라고 기도한다. 그러나 나는 "주여, 사람의 눈을 열어 주소서!"라고 기도해야만 한다는 사실을 깨달았다. 하나님께서 사람의 눈을 열어 주시기 전에는 믿음이 무엇을 의미하는지, 대속이 무엇을 의미하는지, 중생이 무엇을 의미하는지 알지 못한다.

시력을 가진 사람에게는 지극히 명백한 것을, 눈먼 자는 볼 수 없다. "믿고 생명을 얻어라." 이보다 더 명백한 말이 있을 수 있겠는가? 그러나 하나님께서 그 뜻을 깨달을 수 있는 은혜를 주시기 전에는 아무도 그것을 이해할 수 없다. 복음을 가능한 한 분명하게 전하는 것이 설교자의 의무이다. 그러나 우리가 사람들에게 영적인 이해력을 제공해 줄 수는 없다. 우리는 솔직하고 담대하게 "주 예수 그리스도를 믿어라. 그러면 네가 구원을 받을 것이다"라고 선포한다.

그러나 사람들은 바보처럼 "그것이 무슨 말입니까?"라고 묻는다. 우리는 "예수님을 바라보고 생명을 얻어라"고 부르짖는다. 그러나 우리의 설명이 끝났을 때 그들은 우리말의 의미를 오해한다. 그리고 여전히 자기 자신만을 바라보며 주 예수님께 등을 돌린다.

믿는다는 것은 신비스러운 일이 아니다. 모든 단순한 것들 중에서 가장 단순하다. 그러나 바로 그 이유 때문에 사람들은 우리가 말하는 것과 하나님께서 말씀하시는 것을 확신하지 못한다. 우리는 "주여, 그들의 눈을 열어 주셔서 볼 수 있게 하소서. 왜냐하면 그들은 봐도 보지 못하고 들어도 깨닫지 못하기 때문입니다!"라고 기도할 필요가 있다.

주님을 송축합니다. 주님의 전능하신 손길로 그들의 눈을 열어 주시는 순간에 그들은 금방 그것을 본다. 그러면 그들은 이전에는 그것을 보지 못했다는 사실에 대하여 놀라워할 것이며, 그토록 분명한 것을 깨닫지 못했기 때문에 스스로 바보라고 부를 것이다.

주 예수님을 믿는 것은 계시의 ABC이다. 그것은 천국 지식의 기초요, 기본이다. 우리가 말씀 가운데서 그것을 발견했을 때 깨닫지 못하고 또 그토록 분명한 사실을 신비스럽게 생각했으니 정말로 바보들이다.

하나님의 기적적인 능력이 우리의 눈을 열어 준다면 매우 잘 볼 수 있다. 그 이전에는 대낮에도 바로 앞에 있는 것을 찾기 위해 더듬거렸을 것이다. 그러나 죄가 아무리 마음을 어둡게 만든다 해도 하나님께서 그 마음에 빛을 가져다주실 수 있다. 우리가 사람들을 볼 수 있게 만들 수 없다 해도 적어도 그들의 시력을 고쳐주실 수 있는 안과 의사와 같으신 주님께 그들을 인도할 수 있다.

우리는 친구들이 눈을 열어 모든 신령한 진리들을 볼 수 있도록 기도해야 한다. 우리의 시력은 오직 자연적 물체만을 볼 수 있을 뿐이다. 시력은 오직 그것을 위한 것이다. 우리의 눈이 시력만큼 볼 수 있다는 사실에 감사해야 한다.

그러나 영적인 것들은 육신의 눈으로 분별할 수 없다. 육신의 눈은 오직 물체만을 위한 것이다. 영적인 나라에 속한 것들은 주님께서 열어 주신 영적인 눈으로만 볼 수 있다. 우리가 영적인 것들을 분별하려면 하나님께서 우리에게 영적인 감각을 허락해 주셔야만 한다. 결코 이것을 잊어서는 안 된다.

육체는 성령의 일을 파악하거나 인식하거나 분별할 수 없다. 우리가 영적인 것들을 인식하려면 먼저 영적인 사람이 되어야 하며 영적인 능력을 받아야만 한다.

간단히 말하자면 우리는 "다시 태어나야만 한다." "육에 속한 사람은 하나님의 성령의 일들을 받지 아니하나니 이는 그것들이 그에게는 어리석게 보임이요, 또 그는 그것들을 알 수도 없나니 그러한 일은 영적으로 분별되기 때문이라"(고전 2:14). 그러므로 "주여, 젊은이의 눈을 열어 주셔서 볼 수 있게 하소서!"라고 기도해야 한다.

엘리사 주위에는 불말과 불병거가 있었다. 그러나 그의 종은 그것들을 볼 수 없었다. 왜냐하면 그것들은 영적인 병거요 영적인 말이었기 때문이다. 천상의 존재들은 오직 영적인 영역에 속해 있다. 청년들은 아직까지 영적인 영역에 들어가지 못했고 그것을 볼 수 있는 눈을 갖지 못했다. 하나님께서 그에게 영적인 눈을 주셨을 때 그는 이상한 광경을 보기 시작했다. 그것은 무형적이고 상상적이었다. 아니 영적인 것이었다. 그렇지만 가장 실제적인 것이었다. 그 광경은 그의 영혼에 선지자가 안전하다는 사실을 확신하게 만들어 주었다.

왜냐하면 하나님의 사자들이 불꽃처럼 번쩍거리며 왔다갔다 했기 때문이다. 말들과 병거들이 여호와의 종을 지키기 위해서 마치 군대처럼 강력하게 나타났다. 그가 얼마나 놀랐겠는가! 그의 놀라움은 얼마나 컸겠는가! 그의 마음은 얼마나 흡족했겠는가! 그와 그의 주인은 위험의 공포를 초월하여 신비스럽게 지켜졌다.

하나님의 일들을 잘 알지 못하는 사람들이여, 만일 주님께서 여러분의 눈을 즉시 열어 주신다면 여러분은 정말로 놀랄 것이다. 왜냐하면 여러분은 아직까지 영적인 생활이 무엇인지, 영적인 실재가 무엇인지 전혀 알지 못하기 때문이다. 주님께서 깨닫게 해주기 전에는 그것들에 대한 진정한 개념을 소유할 수 없다.

여러분은 영적인 주제에 관해서 말하고 토론하고 또 스스로 신학자라고 생각할지도 모른다. 그러나 그것은 마치 귀먼 자가 음악을 비평하고 눈먼 자가 그림을 평가하는 것과 같다. 여러분이 그리스도 안에서 새롭게 창조되고 영적인 영역 속으로 들어가기 이전에는 그 문제에 대해서 어떤 의견을 말할 자격이 없다.

"사람이 거듭나지 아니하면 하나님의 나라를 볼 수 없느니라"(요 3:3). 그러므로 일깨워주는 마음으로 아직까지 빛 가운데서 행하지 못하는 사람들을 위하여 기도를 드리자. "주여, 청년들의 눈을 열어 보게 하소서!"

이 젊은이를 위한 엘리사의 기도, 그리고 다른 사람들을 위한 우리의 기도는, 그들이 스스로 할 수 있는 어떤 일을 하게 하는 것도 아니고, 이미 소유하고 있는 어떤 능력을 사용하게 하는 것도 아니다. 그것은 그들에게 새로운 시력을 주는 것이며, 그들 위에 있고 그들을 초월해 있는 능력에 의해서 그들 안에 새로운 본성이 창조되게 하는 것이다. 우리는 하나님의 손길을 불러들이고 있다. 우리는 주님께서 놀라운 일을 행하시기를 간구한다.

당신은 교육이 가져다줄 수 없는 것, 대학 졸업장이 가져다줄 수 없는 것을 받아야만 한다. 수년 간의 경험이나 연구로도 성취할 수 없는 것을 얻어야만 한다. 다른 사람들을 흉내냄으로 얻을 수 없는 것을 소유해야만 한다.

오직 주님께서 당신 안에 이루어 주실 수 있는 변화를 체험해야만 한다. 자연의 어두움으로부터 하나님의 놀라운 빛으로 나아가야만 한다. 당신은 눈먼 상태에서 과거에는 볼 수 없었던 것들을 분명하게 볼 수 있는 상태로 나아가야만 한다.

덧없는 인생에서 기대해야 할 일

당신에게 인생의 덧없음, 시간의 빠른 성질, 시간이 얼마나 신속하게 지나가는지, 우리는 얼마나 빨리 낙엽처럼 시들어지는지, 우리가 알고 있는 장소가 얼마나 신속히 변하는지에 대해서 말하려고 한다.

사도 야고보는 "너희 인생이 무엇이냐?"라고 말했다. 영감으로 씌어진 성경 덕분에 그 대답을 하는데 큰 어려움을 느끼지 않는다. 성경은 성경을 해석할 수 있는 가장 좋은 수단이다. 성경은 우리에게 많은 탁월한 대답들을 제공해 준다. 나는 당신에게 그 대답들 중 어떤 것을 제시해 주려고 한다.

젊은이에게 인생이 길어 보인다 해도 노인들에게는 매우 짧다. 모든 사람들에게 인생은 정말 짧은 기간이다. 인생은 길지 않다. 그것을 다른 것과 비교해보라. 인생은 얼마나 짧은가! 그것을 우주의 나이와 비교해보라. 그것은 단지 한 뼘에 지나지 않는다. 특히 그것을 영원이라는 시간으로 측정해보라. 인생이 얼마나 짧게 보이는가! 그것은 마치 땅에 떨어지는 작은 물방울과 같으며 해변에 있는 작은 모래알같이 하찮은 존재이다. 인생은 짧다.

만일 여러분이 인생을 묘사하려면 성경으로 돌아가야만 한다. 우리는 옛 그림들이 걸려 있는 성경이라는 화랑을 관람하려고 한다.

욥기에서 인생의 짧음을 언급하는 것을 발견할 수 있다. 거기에는 세 가지 비유가 있다. 욥기 9장 25절에서 "나의 날이 체부(경주자:개역개정판)보다 빠르니"라는 말을 발견할 수 있다. 우체부는 매우 빠르다. 나는 때때로 긴급한 용무가 있을 때 철도가 없는 곳에서는 파발마를 이용했다. 나의 여행이 너무도 빠르기 때문에 놀랍기도 하고 기쁘기도 했다.

그러나 이 옛날 책에는 현대적인 우편제도에 대한 언급은 없다. 그러므로 동양의 관습을 살펴보아야만 한다. 그렇게 할 때에 고대의 왕들이 놀라울 정도로 신속하게 정보를 전달하여 그 백성들을 놀라게 했다는 사실을 발견할 수 있다. 잘 정비된 제도와 빠른 말들과 끊임없이 서로 교대함으로 그들은 놀라운 속도에 도달할 수 있었다. 오늘날에는 하찮은 일이라 해도 그 당시로서는 매우 놀라운 일이었다. 따라서 신속함을 나타내는 동양의 개념들 중 하나는 우체부였다.

욥도 인생이 우체부와 같다고 했다. 한 해가 지나가면 또 다른 한 해가 신속하게 찾아온다. 한 해를 시작하는가 싶으면 그것은 곧 사라지고 또 다른 한 해가 군마처럼 우리에게 봉사한다. 우리는 이 우체국에서 저 우체국으로 지나가며 생일날들을 연속적으로 맞이하게 된다. 인생은 늑장을 부리지 않는다. 한 해로부터 또 다른 한 해로 도약한다. 우리는 계속해서 급하게 앞으로 앞으로 전진한다. 인생은 우체부와 같다. 바퀴가 낡아 도로에서 질질 끌려가는 느린 수레와 같지 않다. 놀라운 속도로 빨리 달리는 우체부와 같다.

더 나아가 욥은 "그 지나가는 것이 빠른 배 같고"(욥 9:26)라고 했다. 그는 비유의 강도를 증가시키고 있다. 동양의 개념에서 우체부의 빠르기를 추월할 수 있는 어떤 것이 있다면 그것은 빠른 배였다. 어떤 사람들은 이 구절을 "소망의 배"라고 번

역한다. 즉 그 배는 집을 향해 서둘러 나아가며 항구를 간절히 바라기 때문에 돛을 활짝 펴고 있다. 위협적인 폭풍이 불 때에 선원들이 얼마나 신속하게 거기서 빠져 나와 자기 집으로 갈 수 있는 항구를 찾는지 상상할 수 있다. 당신은 종종 배가 파도를 가르며 그 뒤로 하얀 고랑을 남기고 그 주변에 바닷물을 들끓게 만드는 것을 본적이 있을 것이다. 인생도 그와 같다.

욥은 '빠른 배'와 같다고 했다. 돛이 바람을 가득 실을 때 배는 앞으로 달려가며 물결을 가른다. 배는 빠르다. 그러나 인생은 그보다 더 빠르다.

시간의 바람이 나를 데리고 간다. 나는 그 움직임을 멈출 수가 없다. 나는 성령의 방향타로 그것을 조정한다. 죄악이라는 작은 돛을 접기도 한다. 그렇게 하지 않았더라면 나의 날은 더욱 빨리 지나갈 것이다. 그럼에도 불구하고 나의 인생은 빠른 배와 같이 항구에 도달할 때까지 속력을 내야만 한다. 항구는 어디에 있는가? 비참한 황무지, 타락한 자의 황량한 지역에서 그것을 발견할 수 있는가? 아니면 그것은 고난의 파도가 내 심령의 조용한 영광을 뒤흔들 수 없는 영원한 평화의 항구인가? 항구가 어디에 있든지 마찬가지다. 우리는 '신속한 배'와 같다.

욥은 또다시 "먹이에 날아 내리는 독수리와도 같구나"(욥 9:26)라고 했다. 독수리는 빠르기로 유명한 새이다. 나는 물수리(조류의 일종)를 공격하는 독수리에 대한 이야기를 읽은 적이 있다. 물수리가 물 속 깊은 곳으로부터 먹이를 물었다. 그것을 물고 높이 올라갔다. 물수리가 그 물고기를 떨어뜨리자 물고기는 수면 위로 떨어진다. 그러나 그 물고기가 바다 위에 떨어지기도 전에 독수리는 물고기가 떨어지는 것보다도 더 빠르게 날아와 부리로 그것을 물었다. 독수리는 그것을 물고 날아갔다.

독수리의 빠르기는 상상을 초월한다. 당신이 그것을 보자마자 사라져 버리고 없다. 하늘 저쪽에 까만 점이 하나 있을 뿐이다. 그것은 높이 날아오르는 독수리이다. 들새 사냥꾼은 어떤 산의 꼭대기에서 그 독수리를 따라 잡을 수 있을 것이라고 생각한다. 그러나 그가 그곳에 도착하기도 전에 독수리는 사라져 버릴 것이다.

인생도 그와 같다. 그것은 먹이를 향하여 달려드는 독수리와 같다. 정상적으로 날아가는 독수리가 아니다. 그 먹이를 향하여 달려드는 독수리이다. 인생은 그 먹이를 향해서 달려드는 것 같다. 그 먹이는 육체이다. 생명은 항상 탐욕스러운 죽

97

음을 피해서 날아간다. 그러나 죽음은 너무나도 빠르기 때문에 추월할 수가 없다. 마치 독수리가 그 먹이를 낚아채듯이 죽음도 그와 같이 찾아온다.

인생의 빠르기를 나타내는 비유가 더 필요하다면 또다시 욥기로 돌아가야만 한다. 그러나 그것에 대해서는 상세하게 설명하지 않겠다. 그것은 욥기 7장 6절에서 발견할 수 있다. 욥은 인생이 "베틀의 북보다 빠르다"라고 말했다. 베틀은 너무나도 빨리 움직이기 때문에 눈으로 그것을 식별할 수가 없다.

그러나 욥은 같은 장 7절에서 더욱 탁월한 비유를 든다. 거기서 그는 "내 생명이 한낱 바람 같음을 생각하옵소서"라고 했다. 바람은 그 속도에서 우리가 지금까지 살펴본 다른 모든 비유들을 추월하고 있다. 누가 바람보다 빠를 수 있겠는가? 바람이 부드럽게 움직일 때도 매우 빠른 것 같아 보인다. 그러나 회오리바람이나 미친 듯한 태풍이나 폭풍이 불 때는 모든 것을 찢어버린다. 그럴 때의 바람은 얼마나 빠른가? 아마 미풍이 부는 것을 보았을 것이다. 그러나 우리는 미풍만큼도 빨리 달려갈 수 없다. 그러나 태어나자마자 하늘로 부름을 받은 사람들에게서 그 빠르기는 태풍에 비교할 수 있다. 인생은 바람과 같다.

당신이 이러한 개념들을 이해할 수 있었으면 좋겠다! 우리
모두는 움직이고 있다. 이 세상은 24시간 동안 지축을 중심으
로 돌고 있다. 그 외에도 이것은 일 년 삼백육십오일 동안 태
양 주위를 돌고 있다. 따라서 우리는 모두 움직이고 있다. 모
두 공간을 날고 있다. 우리가 공간을 여행하고 있는 것처럼 시
간을 통해서도 여행하고 있다.

이것이 얼마나 어려운 개념인가? 이것을 이해할 수만 있다
면 좋겠다! 우리는 모두 날개를 활짝 편 거대한 천사에게 붙잡
혀 가고 있다. 천사는 그 날개로 바람을 일으키며 번개처럼 날
아간다. 우리는 급히 날아가고 있다. 어디로 가는지는 우리의
믿음과 하나님의 은혜에 의해서 결정될 것이다.

그러나 우리가 여행하고 있다는 것은 분명한 사실이다. 당
신이 안정되어 있다고 생각하지 말라. 가만히 서 있다고 생각
하지 말라. 그렇지 않다. 당신의 심장이 고동치는 순간마다 무
덤을 향하고 있다. 당신은 시간의 병거에 사슬로 묶여 있다.
그 말에는 고삐도 없고 그 병거에서 뛰어내릴 수도 없다. 끊임
없이 움직여야만 한다.

인생의 불확실성에 관한 비유는 풍부하다. "너희 생명이 무
엇이냐 너희는 잠깐 보이다가 없어지는 안개니라"(약 4:14).

만일 내가 어린이에게 이 말에 대해서 설명해보라고 한다면 그는 이렇게 말할 것이다. "예, 안개는 하늘로 올라가는 비눗방울과 같습니다." 어린이들은 때때로 비눗방울 놀이를 하며 즐거워한다. 인생은 비눗방울과 같다. 여러분은 그것이 하늘로 올라가는 것을 본다. 어린이는 그것이 날아가는 것을 보고 기뻐한다. 그러나 그것은 순식간에 사라진다.

"너희는 잠깐 보이다가 없어지는 안개니라." 만일 당신이 시인에게 이 말에 대하여 설명해달라고 한다면 그는 아침에, 때로는 이른 새벽에 강물이 태양을 향하여 수증기를 뿜어 올리는 것이라고 할 것이다. 강이나 시냇물에서 안개, 연무, 수증기가 피어오른다. 그러나 태양이 떠오르면 순식간에 안개는 사라진다. 아침 구름과 새벽이슬이 사라지는 것에 대해서 읽었다. 평범한 관찰자가 안개에 대해서 말할 때 공중에 떠 있는 옅은 구름을 생각할 것이다. 그것은 너무나 가벼워 금방 사라진다. 어떤 시인은 그것을 연약함의 표상으로 표현했다.

"그들의 군대는 비스케이 강풍 앞에서 마치 옅은 구름처럼 흩어졌다."

바람이 불면 안개는 사라진다. "너희 생명이 무엇이냐 너희는 잠깐 보이다가 없어지는 안개니라." 인생은 그처럼 불확실하다!

전도서 6장 12절을 읽으면 거기서 인생이 다른 어떤 것, 안개보다 더욱 연약한 어떤 것에 비유한 것을 발견할 것이다. 그 현명한 사람은 인생이 '그림자'와 같다고 말했다. 그림자보다도 비실제적인 것이 무엇인가? 그림자 속에 어떤 실제적인 것이 있는가? 누가 그림자 속에서 어떤 것을 붙잡을 수 있는가? 당신은 그림자를 보고 있다. 그러나 그 물체가 지나가는 순간 그것은 사라진다.

누가 그 인생을 붙잡을 수 있는가? 어떤 사람은 오랫동안 살 것이라고 생각한다. 그들은 영원히 살 것처럼 생각한다. 그러나 그 누가 그림자에 기대를 걸 수 있겠는가? 자신의 영혼에게 "영혼아 여러 해 쓸 물건을 많이 쌓아 두었으니 평안히 쉬고 먹고 마시고 즐거워하자"(눅 12:19)라고 말하는 사람이여, 가서 당신의 방을 그림자로 가득 채워라. 가서 그림자를 쌓아 두라. 그러고 나서 "이것들은 나의 것이다. 이것들은 결코 사라지지 않을 것이다"라고 말하라. 그러나 당신은 "나는 그림자를 붙잡을 수 없다"라고 말하지 않는가? 당신은 세월에 의지할 수 없다. 그것은 그림자 같아서 곧 사라지기 때문이다.

이사야 선지자도 비유를 말해주고 있다. 그는 인생이 마치 끊어진 실과 같다고 말했다. 이것을 38장 12절에서 발견할 수 있다. "나의 거처는 목자의 장막을 걷음 같이 나를 떠나 옮겨졌고 직공이 베를 걷어 말음 같이 내가 내 생명을 말았도다." 직공은 실을 매우 쉽게 끊는다. 인생도 그와 같이 빨리 끝난다. 나는 인생의 불확실성에 관한 비유들을 얼마든지 더 말할 수 있다. 성경에서 더 많은 비유들을 찾는다면 아마 20개는 발견할 수 있다. 예를 들면 풀, 들판의 꽃 등이다.

그러나 비록 인생이 빨리 지나간다 해도 우리는 여전히 그것이 무엇인지를 알고 싶어한다. 우리가 잃어야만 한다 해도 살아 있는 동안에는 살자고 말하기 때문이다. 인생이 너무나도 짧다 해도 우리가 이 땅에 남아 있는 한 거기서 무엇을 기대할 수 있는지 알아보아야 한다.

변화무쌍한 인생

인생의 변화에 대한 묘사들을 찾기를 원한다면 놀라운 시집인 성경을 보라. 거기서 많은 비유들을 발견할 수 있다.

첫째, 창세기 47장 9절에서 야곱은 인생을 나그넷길로 비유했다. 바로가 그 백발이 성성한 족장에게 그의 나이를 물었을 때 이렇게 대답했다.

"내 나그네 길의 세월이 백삼십 년이니이다. 내 나이가 얼마 못 되니 우리 조상의 나그네 길의 연조에 미치지 못하나 험악한 세월을 보내었나이다."

그는 인생을 나그넷길이라고 부르고 있다. 나그네는 아침에

출발한다. 성지에 도착하기 전까지 여러 날 동안 여행을 해야
한다. 나그네는 여행하는 도중에 얼마나 다양한 광경들을 보
는가! 때때로 그는 산으로 오르자마자 곧바로 골짜기로 내려
가야 한다. 은빛으로 반짝이는 시냇물이 있는 곳에 다다른다.
거기는 새들이 지저귀고 향기로운 꽃들과 푸르른 나무들이 우
거져 있다. 감미로운 열매들이 그의 미각을 만족시켜 준다.

　그는 또한 메마른 사막을 지나가기도 하는데 거기서는 아무
소리도 들리지 않고 생명체도 보이지 않는데 공중에서는 독수
리가 날카롭게 소리를 지른다. 거기서는 다리가 아파도 쉴 수
도 없다. 머리 위에는 타는 듯한 태양이 이글거리고 발밑에는
뜨거운 모래만 있을 뿐이다. 나무 그늘도 없고 쉴 집들도 없
다. 그는 한참을 더 가서 오아시스를 만난다. 우물곁에서 휴식
을 취하며 야자나무에서 열매를 따먹는다.

　어떤 순간에는 좁은 골짜기의 바위틈 사이로 걸어간다. 거
기는 모든 것이 어둡다. 그는 미자Miza 산으로 올라가며 그 다
음에는 바카Baca 골짜기로 내려간다. 그는 또 바산Bashan 언덕
으로 올라간다. "바산의 산은 높은 산이로다"(시 68:15). 그러
고 나서는 표범의 굴 속으로 들어가는데 거기서 그는 시련과
고난을 당한다.

인생은 이와 같이 항상 변한다. 그 다음에 무슨 일이 일어날지 아무도 말할 수 없다. 오늘은 쾌청한 날씨다. 그러나 내일은 천둥이 치는 폭풍우가 올 수도 있다. 오늘은 아무것도 부족한 것이 없지만 내일 야곱과 같이 오직 돌로 베개를 삼고 하늘을 천장으로 삼을 수도 있다.

우리의 인생길이 어디서 굽이칠지 알지 못한다 해도 그것이 어디서 끝나는지 안다는 것은 얼마나 다행한 일인가! 돌아가는 것이 천국에 이르는 가장 가까운 길이다.

이스라엘 백성은 40년 동안 광야로 돌아서 왔는데 결국 그것이 가나안에 이르는 가장 가까운 길이었다. 우리는 시련과 고난을 당해야만 한다. 나그넷길은 피곤하지만 안전하다. 우리는 배를 타고 내려온 강물을 거슬러 올라갈 수 없다. 그러나 그것이 마침내 축복의 물결로 끝을 맺을 것이라는 사실을 알고 있다.

인생길을 추적할 수는 없다. 그러나 그 모든 길이 하나님의 우주의 중심인 천국에서 만난다는 사실을 알고 있다. 하나님께서는 우리가 경건한 생활로 나그넷길을 갈 수 있도록 도와주신다!

시편 90편 9절에서 인생의 변화를 또 다르게 표현한 것을 볼 수 있다. "우리의 평생이 순식간에 다하였나이다(우리는 세월을 마치 이야기를 하듯이 낭비했나이다)." 다윗은 이야기가 어떤 것인지 이해하고 있다. 그는 가끔 이야기 때문에 괴로움을 당했을 것이다.

동양에는 자칭 이야기꾼들이 있었는데 그들은 『아라비안 나이트』와 같은 어리석은 책 속에 있는 것과 같은 이야기들을 써서 사람들을 즐겁게 해주었다. 내가 그 책을 읽을 만큼 어리석었을 때, 때로는 요정과 함께 있었고, 때로는 귀신들과 함께 있었으며, 때로는 궁전 속에 있었고, 또 동굴 속으로 들어간 것을 기억한다. 모든 종류의 진귀한 일들이 소위 이야기 속에 얽혀져 있다.

다윗은 지금 "우리는 세월을 마치 이야기를 하듯이 낭비했나이다"라고 말하고 있다. 인생의 기묘한 이야기만큼 놀라운 것은 없다. 때때로 그것은 즐거운 운문으로, 또 산문으로 풀어가고 있다. 어떤 때는 고상한 곳으로 올라갔다가 곧 우스운 곳으로 내려간다.

그 어떤 사람도 자신의 전기를 온전하게 쓸 수 없다. 만일 어떤 사람의 생각이나 말을 모두 기록할 수 있다면 이 세상도 기록된 그 모든 것들을 감당할 수 없다. 이야기는 놀라운 것이다. 인생은 모두 독특하다. 우리들이 보기에도 이상하게 보인다. 그것에 대해서 많은 이야기를 할 수 있다. 따라서 우리의 인생은 마치 이야기와 같다.

이사야 38장 12절에서 또 다른 개념을 발견할 수 있다. "나의 거처는 목자의 장막을 걷음 같이 나를 떠나 옮겨졌고." 동양의 목자들은 양무리 가까이에 일시적인 오두막집을 짓는다. 양무리들을 이동할 때 그것도 함께 옮긴다. 뜨거운 여름이 오면 그들은 장막을 친다. 계절마다 적합한 위치가 있다.

나의 인생은 목자의 장막과 같다. 이미 여러 곳에 나의 장막을 쳤다. 그러나 결국 내가 어디에 장막을 칠 것인지는 알지 못한다. 현재의 가능성은 다음과 같다.

"나는 여기서 정착할 것이다.
가지도 오지도 않을 것이다.
더 이상 나그네나 손님이 되지 않을 것이다.
어린이처럼 집에 가만히 있을 것이다."

그러나 나는 말할 수 없다. 당신도 미리 말할 수 없다. 당신은 최근에 새로운 가게를 개업했다. 그리고 안정된 사업을 하고 또 번창할 수 있을 것이라고 생각한다. 그러나 미래를 너무 밝게 색칠하지 말라. 지나치게 확신하지 말라. 다른 사람은 오랜 기간 동안 오래된 회사에 근무했다. 당신의 아버지는 항상 그 자리에서 사업을 했다. 당신은 그 자리를 옮길 것이라고는 생각하지도 못했다. 이곳은 변함없는 도시가 아니라 변화무쌍하다. 인생은 목자의 장막과 같다. 당신은 죽기 전에 이곳 저곳으로 돌아다니게 될 것이다.

솔론Solon은 "그 어떤 사람도 죽기 전에는 행복한 사람이라고 불러서는 안 된다"라고 했다. 왜냐하면 그의 인생이 어떻게 될 것인지 알지 못하기 때문이다. 그러나 크리스천들은 항상 자신을 행복한 사람이라고 부른다. 왜냐하면 우리가 어디에 장막을 치든지 구름기둥이 우리를 지켜주고 불기둥이 우리를 보호해 줄 것이기 때문이다. "내가 불로 둘러싼 성곽이 되며 그 가운데에서 영광이 되리라"(슥 2:5). 그들이 사는 곳에는 하나님께서 세대주가 되시고 보호자가 되시며 구원의 성벽이 되신다.

"나의 모든 길은 하나님의 지혜로운 섭리에 의해서
정해질 것이다."

하나님께서 "앞으로 나아가라"고 말씀하시기 전에는 나의 장막이 결코 옮겨지지 않을 것이라는 사실을 안다. 그리고 하나님께서 그것을 굳게 세워주지 않으신다면 결코 서 있을 수 없다.

하나님의 백성이 새로운 사업을 하거나 다른 곳으로 이사하기 위해서 그들의 상태를 변화시키려 할 때, 하나의 상황에서 또 다른 상황으로 옮겨가려 할 때, 그들은 두려워할 필요가 없다. 하나님께서는 그곳에서도 당신과 함께하실 것이기 때문이다. "놀라지 말라 나는 네 하나님이 됨이라"(사 41:10).

가이사가 폭풍을 만났을 때의 이야기가 있다. 선원들은 모두 두려워했다. 그러나 그는 "두려워하지 말라! 너희들은 가이사와 그의 모든 행운을 운반하고 있다"라고 외쳤다. 크리스천의 경우도 마찬가지다. 폭풍이 몰려오고 있다. "두려워하지 말라! 너희는 예수님을 태우고 있다. 너희는 가라앉든지 헤엄을 치든지 예수님과 함께 있을 것이다."

우리가 "주여, 당신이 나와 함께하신다면 나의 장막이 어디에 있는지는 아무런 문제가 되지 않습니다"라고 말하는 것은 당연하다. "내가 하늘에 올라갈지라도 거기 계시며 스올에 내 자리를 펼지라도 거기 계시니이다"(시 139:8). 비록 나의 인생이 목자의 장막같이 옮겨질지라도 모든 것이 형통할 것이다.

시편에서는 우리의 인생을 꿈으로 비유하고 있다. 이야기가 진귀하다면 꿈은 더욱 그렇다. 이야기가 변화무쌍하다면 꿈은 어떤가? 난무하는 어리석은 공상, 상상의 환락인 꿈에 대해서 말하자면, 꿈이 무엇으로 구성되었는지 누가 말할 수 있겠는가? 우리는 세상에 있는 모든 것과 심지어 세상에 없는 것에 대해서도 꿈을 꾼다! 우리가 꾼 꿈이야기를 하라면 어려울지도 모른다. 잔치에 참여했는데 아, 산해진미는 날개 달린 말, 페가수스(Pegasus-그리스 신화에 나오는 날개 달린 말-역주)로 변했고 그 말을 타고 공중을 날았을지도 모르고, 갑자기 괴물이 한입에 집어삼켰을지도 모른다.

이와 같은 것이 인생이다. 모든 변화들이 꿈처럼 갑자기 생긴다. 사람들은 어느 날 부자였다가 그 다음날 거지가 된다. 우리는 권력자들이 추락하고, 감옥으로 가는 것을 목격한다. 회사에서 이름도 없고 지위도 보잘것없던 사람이 단번에 보좌에 오른 것도 본다. 당신은 방금 전에 길거리에서 어떤 사람을 피했는데 어리석게도 그를 구경하려고 창문으로 몰려간다. 아, 그것이 인생이다.

시빌Sybyl의 낙엽들이 바람결에 날려도 인생만큼 쉽게 날아가지는 않는다. 꿈이 아무리 다양해도 인생만큼 다양하지 않다. "내일을 자랑하지 말라. 내일 어떻게 될지 알지 못하기 때문이다." 미래를 엿보기를 원하는 사람들은 얼마나 어리석은가? 망원경이 준비되어 있다. 그들은 그것을 통해서 바라본다. 그러나 너무나 열심히 바라보았기 때문에 뜨거운 입김이 유리에 서려 희미해졌다. 자세히 볼 수 없다.

오! 미지의 깊은 곳으로부터 검은 악마를 불러내고 어리석게도 공상으로 마음을 혼란하게 하는 자들이여, 당신의 공상을 문밖에 던져 버려라. 변하지 않는 약속에 의지하라. 약속은 예감보다 더 낫다. "주님을 믿어라. 그리고 선을 행하라. 그러면 진실로 양식을 얻으리라. 너희가 땅을 기업으로 받아 영원히 거기서 살리라."

인생의 끝은 무엇인가? 우리는 "땅에 엎질러져서 다시 담을 수 없는 물"과 같다. 인생은 커다란 고드름과 같다. 시간의 태양이 계속 그것을 녹이고 있다. 곧 물로 변하여 땅에 떨어진다. 그러면 그것을 주워담을 수 없다. 그 누가 죽은 영혼을 불러낼 수 있으며 그 허파에 새로운 생명의 호흡을 불어넣을 수 있는가? 그 누가 심장에 활력을 불어넣고 영혼을 음부에서 돌이킬 수 있는가? 그럴 능력을 가진 사람은 아무도 없다. 그것은 주워담을 수 없다. 더 이상 아무도 그것을 알지 못한다.

그러나 여기에 어떤 감미로운 생각이 우리를 매혹한다! 이 물은 없어지지 않는다. 그것은 땅속으로 내려가 세월의 바위를 통하여 여과되고 마침내 천국의 순수한 샘에서 수정처럼 맑고 깨끗하게 솟아오를 것이다. 그 반면에 그것이 죄악의 검은 땅을 통과하여 파멸의 무서운 동굴에 물방울로 맺혀 있다면 얼마나 끔찍하겠는가?

인생은 그와 같다! 그러므로 그것을 최대한 활용해야만 한다. 그것은 덧없기 때문이다. 다른 생을 찾아라. 이생은 바람직하지 못한 것이기 때문이다. 그것은 너무나도 변화무쌍하다.

인생을 하나님의 손에 맡겨라. 왜냐하면 당신이 그것을 통제할 수 없기 때문이다. 하나님의 팔에서 안식하고 그분의 능력에 의지하라. 왜냐하면 하나님께서는 당신이 요구하거나 생각하는 것보다도 더욱 많은 것을 해주실 수 있기 때문이다.

사업을 시작하는 청년에게

이 도시에서 존경할 만한 분들을 알고 있다. 나처럼 당신도 그들을 존경하기를 바란다. 왜냐하면 그들은 지혜로 가득차 있기 때문이다. 그런 사람들 중 한 사람이 자기 아들에게 다음과 같이 말했다.

"윌리엄, 네가 신앙 생활을 열심히 하는 것을 보니 기쁘다. 그러나 나의 충고를 듣고 합리적으로 결정해라. 나는 40년 동안 사업을 했다. 나의 충고는 먼저 사업을 열심히 하여 돈을 벌고 난 다음에 신앙 생활을 하라는 것이다."

그 젊은이는 곰곰이 생각했다. 놀랍게도 그의 생각은 올바른 방향으로 나아갔다. 그래서 그는 다음과 같이 대답했다.

"아버지, 항상 좋은 충고를 해주셔서 감사합니다. 그러나 이번에는 저의 생각이 아버지의 생각과 달라도 이해해 주십시오. 왜냐하면 성경은 '너희는 먼저 그의 나라와 그의 의를 구하라'(마 6:33)고 했기 때문입니다. 그럼으로 저는 먼저 돈을 벌러 갈 수 없습니다. 저는 즉시 하나님을 섬겨야만 합니다. 그러나 사업도 더욱 열심히 하겠습니다."

이것은 좋은 원칙이다. 그 아들은 그의 충고자보다도 더욱 현명했다. 진정한 경건은 내세뿐만 아니라 이생을 위해서도 좋다. 비록 내가 개처럼 죽어야 한다고 해도 여전히 크리스천이 되기를 원한다.

시간을 배정할 때에도 신앙을 첫 번째 자리에 갖다 놓아라. 매주 첫날을 성별하여 안식과 거룩한 예배를 드림으로 시작하라. 매일 하나님과 교통하기 위해서 새벽에 기도로 시작하라. 하나님 아버지의 복을 구하고 또 하나님을 두려워하는데 있어서 당신과 의견이 일치하는 배우자를 선택함으로 결혼 생활을 시작하라.

새로운 사업을 시작할 때에도 경건한 친구들의 기도로 그 사업을 거룩하게 만들며, 모든 새로운 사업에서 주님의 인도를 받아라. 만일 우리가 하나님과 더불어 시작하고 진행하고 끝을 맺는다면 우리의 길은 복으로 가득 찰 것이다.

우선 순위에서도 먼저 하나님의 나라를 구하라. 하나님과 돈 중에서 하나를 선택해야만 한다면 주저하지 말라. 부와 의가 서로 충돌한다면 황금을 버리고 의를 잡아라. 아무리 값비싼 대가를 치르더라도 그리스도를 따르라.

이 문제는 결코 깊이 생각하지 않는 사람이 복이 있다. 왜냐하면 그의 마음은 "하나님의 백성과 함께 고난 받기를 잠시 죄악의 낙을 누리는 것보다 더 좋아하고"(히 11:25) 때문이다. 하나님과 의에 대해서 철저히 헌신하는 것 이외에는 아무것도 알지 못하는 사람은 복이 있다. 이 문제에 대해서 주의깊게 생각하지 아니하고 단번에 결심한 사람은 복이 있다. 그의 모토는 다음과 같다.

"위대한 계약을 체결했다!
나는 주님의 것이고 주님은 나의 것이다."

우리는 주님을 향하여 손을 높이 들었다. 결코 되돌아설 수 없다. 어떤 사람은 "좋습니다. 그러나 당신도 알다시피 우리는 살아야만 합니다"라고 부르짖는다. 나는 그것에 대해서 확신할 수 없다. 때로는 죽는 것이 더 낫다. 옛 격언은 "잘못된 신앙보다 죽는 것이 더 낫다"라고 말한다. 나는 또 다른 필연에 대해 분명히 알고 있다. 그것은 우리가 반드시 죽어야만 한다는 것이다. "반드시"라는 말에 대해서 깊이 고찰하고 "우리가 반드시 살아야만 한다"라는 유행어를 반복하지 않는 것이 더 낫다.

그러나 우리는 살 것이다. 가난한 자들을 괴롭히거나 골치 아픈 재정 문제에 몰두하거나 거짓 자료로 대중에게 거짓말을 하지 않고 살 것이다. 수치스럽지 않게 살 것이다. 당신의 신앙을 지켜라. 그리고 "하나님께서 나를 도와주신다면 옳다고 생각되는 일을 할 것입니다"라고 말하라. 당신이 확고하게 양심을 지킨다면 현재의 작은 어려움들은 곧 끝날 것이다. 결코 겁쟁이가 되지 말라.

"그와 같은 일을 두려워하면서 사느니 차라리 죽겠다."

우리가 옳은 일을 행함으로 기쁘게 생각할지 아니면 불쾌하게 생각할지에 대해서 의문을 제기하는 사람은 아무도 없을 것이다. 오직 "먼저 하나님의 나라를 구하자."

먼저 철저하게 경건하자. 많은 사람들은 세속적인 일에는 힘을 다하면서도 신앙적인 일에 대해서는 미온적이다. 그들은 은행 볼일을 보는 동안에는 마음이 그곳에 다 가 있다. 그러나 기도하는 시간에는 마음이 그곳에 가 있지 않다.

어떤 사람은 기도할 때 집중하지 못하고 세상일을 떠올리며 생각이 다른 곳에 가 있는 경우가 있다. 그러나 가게에서 상품 정리와 계산에는 온 정신을 집중한다. 자기 자신을 위해서는 모든 에너지를 다 소비하면서도 그리스도께는 미지근한 것을 바쳐서야 되겠는가?

우리가 열심을 내야 한다면 가장 고귀한 일, 즉 주님을 섬기는 일에 열심을 내야만 한다. 그 일을 하는데 우리가 아무리 열심히 해도 지나치지 않다. 지나치게 열심을 내는 사람은 좀처럼 만나기 어렵다. 그의 보혈로 우리를 구원하신 분을 위하여 아무리 많은 일을 해도 결코 지나치지 않다. 오히려 주님을 위해 충분히 일하지 못하기 때문에 불만일 것이다.

이것은 상징적인 의미이지만 성경과 장부의 크기를 비교해 볼 때 커다란 장부 밑에 작은 성경이 묻혀 있다. 거룩한 것들은 그것과는 다른 장소에 갖다 놓기를 바란다. 거룩한 곳을 첫 번째로 고려해야 한다. 주님을 사랑하고 섬기는 일에 당신의 모든 영혼을 받쳐라.

어떤 주일학교 선생이 어린이에게 "너희 아버지는 크리스천이냐?"라고 물었다. 그 소녀는 대답했다. "예, 아버지는 크리스천이라고 생각합니다. 그러나 최근에는 열심을 내지 않습니다." 의심할 여지도 없이 그런 부류의 사람들은 많이 있다. 그들의 신앙은 소풍가고 그들 자신은 게으름뱅이의 침대로 올라가 버렸다. 그들을 깨우자. 왜냐하면 지금은 잠에서 깨야 할 대낮이기 때문이다.

진정한 신앙이 당신의 삶을 지배하게 함으로써 먼저 하나님의 나라와 그의 의를 구하라. 인생의 열쇠는 하나님의 손에 들려져야 한다. 하나님을 영광스럽게 하고 의를 촉진하는데 우리의 정열을 쏟아야 한다. 아론의 지팡이가 다른 모든 지팡이들을 삼켜야 한다.

먼저 하나님의 사람이 되라. 그러고 나서 은행가나 상인이나 노동자가 되라. 나는 공무원들이 먼저 크리스천이 되고 그 다음에 우리나라 사람이 되고 그 다음에 자기의 양심이 지배하는 대로 보수주의자나 자유주의자나 급진주의자가 되는 것을 보고 싶다.

그 어떤 경우에도 먼저 하나님의 사람이 되어야만 한다. 우리의 정치, 우리의 사업, 우리의 문학, 우리의 예술 등이 모두 이러한 생각으로 흠뻑 적셔져야만 한다. 즉 먼저 크리스천이 되어야 한다. 그러면 어떤 탁월함이나 고귀함 같은 이차적인 성품이 길러진다. 과학과 법률과 상업과 가정 생활이 살아 있는 신앙의 지배를 받을 때 더욱 좋아진다.

하나님을 두려워하는 것이, 사회라는 건물의 기초가 되어야 한다. 먼저 그리스도가 있고 나머지 것들은 그 순서에 따라야 한다. 마치 광야에서 불기둥이 이스라엘 진영을 비춰주었듯이 무엇보다도 하나님에 대한 헌신이 빛을 발하게 하자.

어떤 사람은 "우리가 경건을 첫 번째 자리에 갖다 놓는다면 우리의 사업은 어떻게 될 것인가?"라고 묻는다. 그 대답은 "그리하면 이 모든 것을 너희에게 더하시리라"(마 6:33)는 것이다.

인생을 시작한 젊은이가 하나님을 두려워하는 가운데서 모든 일을 하며, 또 하나님께서 도와주신다면, 주 예수 그리스도의 뜻과 반대가 되는 일은 결코 하지 않을 것이라고 결심한다면, 그는 번창하지 않겠는가? 그는 이 정도까지는 번창한다. 즉 먹을 빵과 입을 옷을 얻게 된다. 생활에 필요한 모든 것들이 그에게 더해진다.

어떤 사람은 "아, 나는 실직을 당했습니다. 어떻게 생계비를 벌어야 할지 모르겠습니다"라며 한숨을 짓는다. 이러한 시련이 당신의 잘못이 없는데도 불구하고 찾아왔다고 확신하는가? 그렇다면 의심하지 말라. 주님께서 당신을 위하여 양식을 공급해 주실 것이다.

하나님께서 말씀하셨다. "여호와를 의뢰하고 선을 행하라 땅에 머무는 동안 그의 성실을 먹을거리로 삼을지어다"(시 37:3). 다윗은 자기의 경험을 이렇게 말했다. "내가 어려서부터 늙기까지 의인이 버림을 당하거나 그 자손이 걸식함을 보지 못하였도다"(시 37:25).

술주정뱅이, 사악한 자, 게으른 자, 부정직한 자들은 굶주릴 것이다. 만일 그와 같은 훈련이 그들을 고쳐줄 수 있다면 그들에게는 그것이 더 좋을 것이다. 그러나 정직한 사람에게는 어두움 속에서도 빛이 떠오른다. 하나님을 섬기는 사람들은 하나님께서 자기들을 버려도 불평하지 않는다.

엘리자베스 여왕이 통치하던 시대에, 여왕께서 어떤 상인에게 국가적인 일로 해외에 나가달라고 요청했다. 그러자 그는 자기 사업이 어려움을 당할 것이라 생각하고 여왕에게 "폐하,

당신이 저의 사업에 대해서 신경을 써 주신다면 저도 폐하의 일에 대해서 신경을 쓰겠습니다"라고 대답했다. 당신이 하나님을 섬기는 일을 기쁘게 생각한다면 하나님께서도 당신을 보살펴 주신다. "그리하면 이 모든 것을 너희에게 더하시리라."

은혜로운 사람에게는 이생의 복이 가장 좋은 형태로 찾아온다. 왜냐하면 하나님께서 그렇게 약속해 주셨기 때문이다. 우리의 힘으로 부자가 될 수 있는 기회가 주어진다면 그 기회를 이용하려고 열심을 낼 것이다. 그러나 논점은 부자가 되는 것이 우리에게 가장 좋은 일이 될 것인가라는 점이다. 현재 훌륭하게 행동하는 사람들이 높은 지위에 올라갔을 때 지금의 절반이나 또는 십분의 일 만큼이라도 행복할 수 있을지 의심스럽다.

나는 사치의 영향력하에서 낭비하는 영웅들을 보았다. 많은 사람들은 환경의 노예들이다. 그들의 환경이 그들을 방종에 빠지게 할 때 비참해진다. 우리는 무엇이 우리에게 최선인지 알지 못한다. 때때로 이득을 얻어 번창하는 것보다 손실을 입고 좌절하는 것이 우리에게 더 낫다. 뛰어난 하나님의 종이었던 길핀Gilpin이 복음을 전했다는 이유로 체포되어 재판을 받기 위해 런던으로 압송되고 있을 때 체포한 자들이 그가 자주 하던 "모든 일은 최선이 된다"라는 말을 웃음거리로 만들었다. 그가 말에서 떨어져 다리가 부러졌을 때 그들은 특히 더 즐거워했다.

그러나 그 선한 사람은 조용히 말했다. "이 고통스러운 사고가 결국에는 복으로 입증될 것이라는 사실을 결코 의심하지 않는다." 그리고 그것은 사실이 되었다. 그가 빠른 속도로 여행할 수 없었기 때문에 여행 기간이 길어졌고 예상했던 것보다 며칠 늦게 런던에 도착했다.

그들이 하이 게이트에 도착했을 때 그 도시의 사방에서 울려오는 종소리를 들었다. 그들이 그 의미를 물었을 때 "메리 여왕이 죽었다. 그래서 더 이상 개신교도들을 불태워 죽이는 일은 없을 것이다"라는 말을 들었다. 그러자 길핀이 말했다. "너희도 보다시피 모든 일은 최선이 된다." 그것으로 인해 생명을 구했기 때문에 다리가 부러진 것도 복이었다.

재난이 오히려 우리를 보호해 주는 경우가 얼마나 많은가! 보다 작은 재난이 보다 큰 재난을 막아 준다. 수치스러운 행동으로 부자가 되는 것보다도 투쟁하면서 명예를 지키는 것이 더 좋다. "나를 가난하게 만들지도 마시고 부자로 만들지도 마소서"라는 아굴의 기도는 지혜로운 것이다. 그러나 "나의

122

원대로 마옵시고 아버지의 원대로 하옵소서"(마 26: 39)라는 우리 주님의 기도가 더욱 훌륭하다.

"그리하면 이 모든 것을 너희에게 더하시리라." 무오한 지혜가 더해 줄 준비를 할 것이다. 만일 당신이 모든 것을 알고 또 무한한 지혜에 따라 판단할 수 있다면 당신이 원하는 것만큼 일시적인 것들을 당신에게 더해 줄 것이다. 당신은 자신이 선택한 것보다 주님이 선택해 주신 것을 더 좋아하지 않겠는가? 당신은 시편 기자처럼 기쁘게 노래하지 않겠는가? "우리를 위하여 기업을 택하시나니"(시 47:4).

그 약속은 또한 신자가 걱정하지 않아도 필요한 것들이 주어질 것이라는 사실을 의미하고 있지 않는가? 다른 사람들이 걱정할 때에 당신은 노래할 것이다. 다른 사람들은 아침에 일어나 "오늘 하루는 또 어찌 살 것인가?"라고 부르짖을 때 당신은 깨어나 양식을 발견할 것이며 그것을 행복하게 누린다.

당신의 피난처는 바위들로 이루어진 견고한 토대이다. 당신에게 빵과 물이 주어진다. 당신의 몫에 만족하고 하나님을 신뢰한다면 인생이 평화롭고 행복하다. 만족한 마음으로 야채를 먹는 사람들은 소고기를 먹는 사람들이 알지 못하는 만족스러운 맛을 느낀다.

부자가 되는 것보다 행복한 자가 되는 것이 더 낫다. 행복은 지갑에 있는 것이 아니라 마음에 있다. 사람이 가진 것이 아니라 그 사람의 인격이 이생과 내세에서 그에게 복이 될지 화가 될지를 결정한다. 당신이 하나님을 섬기는 동안에 하나님께서 당신에게 이생의 것들을 더해 주신다면 당신은 좋은 자리를 차지하고 또 좋은 유산을 물려받게 된다.

"그리하면 이 모든 것을 너희에게 더하시리라"는 말씀은 나에게 다음과 같은 사실을 상기 시켜 준다. 즉 어떤 사람에게는 재산의 축적이 그에게 도움이 되기보다는 오히려 해가 되는 경우도 있다. 그의 재산이 많아질수록 더욱 작아진 사람을 보지 못했는가? 그것은 비참한 광경이다. 그것은 자주 나를 괴롭혔다.

나는 어떤 사람이 "재산의 건축자"가 되었으나 자기 자신을 멸망시키는 자가 되는 것을 분명하게 보았다. 그는 자신의 인간성을 파괴한 곳에 호화로운 건물을 세웠다.

사람이 자신의 늘어나는 재산으로 벽돌을 쌓는 것은 애석한 일이다. 당신은 그 벽에 난 구멍을 보지 못하는가? 그 사람은 그 자리에 서서 탐욕스럽게 벽돌과 몰타르를 간절히 구한다. 그는 황금 벽돌과 은으로 만든 몰타르를 가져야만 한다. 사람들은 그에게 그런 자재들을 가져다 준다. 그는 더 많은 것을 간절하게 원한다.

그는 자신을 건물로 에워싸기 전에는 결코 만족할 수 없다. 이웃으로부터, 평화와 진정한 기쁨의 빛으로부터 그 자신을 격리시키는 벽은 매월 그리고 해가 갈수록 더욱 높아져 간다. 그의 감정과 성품이 질식되어간다.

그러나 그는 여전히 더 많은 물질을 갈망한다. 마침내 그는 자신의 재산으로 둘러싸이고 그 밑에 매장되었으며 자신이 축적한 것들 때문에 모든 인간성을 상실하게 된다.

사업가가 해야 할 일

"너희는 먼저 그의 나라와 그의 의를 구하라"(마 6:33). 나는 이 말씀을 통해서 진정한 신앙의 실제적인 부분을 이해한다. 모든 수단을 동원하여 그리스도의 의를 추구하라. 또한 성화에서 나오는 의를 보여 주려고 노력하라. 고도의 거룩성을 열망하라. 우리는 성도가 되어야 한다. 성도는 벽감(벽면을 파내어 장식품을 놓도록 만든 곳-역주)에 세워져 칭찬을 받는 기적적인 존재가 아니다. 그들은 살아서 생업에 종사하고 의를 행하며 길거리나 마을의 들판에서 자비를 실천하는 남자와 여자들이다.

어린양의 보혈로 씻음을 받은 자들은 평범한 도덕적 깨끗함으로 만족해서는 안 된다. 그들의 옷은 그 어떤 세탁업자가 깨끗이 할 수 있는 것보다 더 희게 되어야 한다. 예수님의 제자들은 순수해야 한다. 우리는 영과 혼과 육체적으로 주님께 성결해야 한다. 우리의 의는 서기관과 바리새인의 의를 초월해야 한다. 그것은 주님의 성품을 본받는 것이 되어야 한다.

나는 '그의 의'라는 말을 세상에서 어떤 형태로든 선하고 진실하고 순수한 것을 행하는 능력으로 이해한다. 이 세상에서 거룩하고 정직하고 평판이 좋은 모든 것들은 크리스천을 친구로 간주한다. 왜냐하면 그것은 하나님의 의의 일부이기 때문이다. 술주정뱅이가 우리 나라의 생명을 갉아먹지 않는가? 이 악과 싸우기 위해서는 금주하는 사람들이 필요하지 않는가?

노예들이 자유를 얻고 하나님 나라의 백성들이 의로운 행동을 하는데 앞장설 때 크리스천들은 "나의 이름도 적어라"고 외친다. 오늘날 억압을 제거해야 한다면 우리의 도움을 거절할 수 없을 것이다. 사람들을 교육시키고 더 좋은 집을 마련해주어야 한다면 우리는 기쁜 마음으로 그런 제안을 환영한다. 이 시대의 끔찍한 죄악들을 규탄하고 징벌해야 한다면 우리는 그 전투를 피하지 않을 것이다. 자기 자신의 위치를 지키고 있는 모든 사람들은 순수함을 추구해야 한다. 하나님이 우리를 도와주신다면 우리는 '악명 높은 거리를 청소하고 청년들을 오염으로부터 지켜줄 수 있다.

모든 크리스천들은 보다 나은 것들 위해서 투쟁할 때 "어떤 대가를 치르더라도 나는 거기에 참여하겠다"라고 말해야 한다. 많은 외식자들은 하나님의 의를 구하는 것을 망각하고, 또 그들의 주된 일이 자신의 영혼을 구원하는 것이라는 사실을 의심하는 것 같다. 그들의 신앙은 그들의 심장이 있어야 하는 빈 공간을 갈비뼈로 채우기에 부족하다.

이러한 이기주의는 예수님의 신앙이 아니다. 예수님의 신앙은 비이기적이다. 그것은 불의한 모든 것들에 대항할 십자군이 되기를 요구한다. 우리는 붉은 십자가의 군병들이다. 우리의 전투는 사회적이든, 정치적이든, 종교적이든 간에 인간의 존엄성을 떨어뜨리는 모든 것들과 대항하는 것이다. 우리는 선하고 진실하고 의로운 모든 것들을 위하여 싸워야 한다.

진정한 신앙은 그 작용에서 확산적이고 포괄적이다. 나는 사람들이 계속적으로 선을 그으면서 "여기까지는 신앙적인 것이고 여기까지는 세속적인 것이다"라고 말하는 것을 본다.

당신의 생각은 어떠한가? 그런 생각은 거룩한 장소들과 제사장들과 성지와 유물을 파괴하는 것이다. 나는 그것을 믿지 않는다.

거룩한 사람들에게는 모든 것이 거룩하다. 순수한 사람들에게는 모든 것이 순수하다. 먼저 하나님의 나라와 그의 의를 구하는 사람에게는 그 집이 성전이요, 그 식사가 성례전이며, 그 옷이 가운이고 날마다 거룩한 날이며, 그 자신은 하나님에 대하여 제사장이고 왕이다.

기독교의 영역은 일상 생활과 공존한다. "나는 강단에 서 있을 때만 하나님을 섬긴다"라고 말해서는 안 된다. 왜냐하면 그것은 설교가 끝났을 때에는 마귀를 섬기겠다는 뜻이기 때문이다.

우리는 교회에서나 기도회에서 경건해야 할 뿐만 아니라 다른 모든 곳에서도 경건해야 한다. 신앙은 벽에 걸어두었다가 국가적으로 필요할 때만 입는 중세의 갑옷 같아서는 안 된다. 그것은 집이나 가게나 은행에서 입는 옷이다. 당신의 장부와 금고는 은혜로 말미암아 '여호와께 성결' 되어야 한다.

경건은 응접실과 객실과 회계사무소와 환전소를 위한 것이다. 이것은 입었다 벗었다 할 수 없다. 이것이 진정한 경건이 되려면 그 사람 자체가 되어야 한다. 의는 마음의 특질이며 새로운 자아의 구성요소로서 구원받은 사람의 본성 가운데 거하고 있다. 항상 의롭지 않는 사람은 전혀 의로운 사람이 아니다.

때묻지 않은 신앙은 지극히 중요하다. 그것은 사람의 생활 속에 존재한다. 어떤 사람들의 신앙은 게 껍질과 같다. 바다에서 저예망(굴을 딸 때 쓰는 그물—역주)은 기어다니는 것들을 수없이 끌어 모은다. 그것들 중에는 껍질이 있는 것들도 있다.

여기에 그와 같은 껍질이 있는 사람이 있다. 마치 그것이 자기 자신의 것인 양 지니고 다닌다. 편리할 때는 그 속에서 살고, 그것이 불편할 때는 벗어 버린다. 그 껍질은 그 자신의 일부가 아니다. 그와 같은 신앙을 피하라.

주일에는 껍질을 쓰고 주중에는 껍질을 벗는 것을 경계하라. 버릴 수 있는 신앙은 버리는 것이 더 좋다. 당신이 그것을 제거해 버릴 수 있다면 기꺼이 없애 버려라. 그것이 자신의 일부가 아니라면 아무런 소용이 없다. 그것이 마치 자수에 은실이 필요하듯이 당신에게 필요한 것이 아니라면 그것은 영원한 구원을 이루는데 아무런 쓸모가 없다.

나는 메리 울노스Mary Woolnoth의 목사였던 존 뉴톤John Newton

의 말을 기억하고 있다. 그는 철저히 칼빈주의적 선교사였다. 어떤 사람이 그에게 칼빈주의를 믿는지 물었을 때 그는 다음과 같이 대답했다. "나는 칼빈주의자다. 그러나 마치 어린이들이 각설탕을 먹듯이 그것을 취하지는 않는다. 나는 사람들이 차나 음식에 설탕을 사용하듯이 나의 모든 설교에 맛을 내기 위해서 그것을 사용한다." 위선자들은 신앙을 통째로 삼키며 모든 사람들이 그 양을 칭찬해 주기를 원한다. 그러나 진지하게 의를 추구하는 사람들은 그들의 경건을 생활 속에 조용히 적용하며 인간 관계를 아름답게 만든다.

진정한 성도는 그의 일상 생활을 은혜로 맛을 낸다. 그래서 그의 아내와 자녀들과 하인들과 이웃들이 그것으로 인해 더 좋아진다. 로랜드 힐은 자신이 기르는 고양이와 개를 제대로 먹이지 않는 사람은 진정한 그리스도인이 아니라고 말하곤 했다. 이 말은 사실이다.

신앙은 장미에서 나는 향기와 같고 태양에서 나오는 빛과 같은 것이 되어야 한다. 그 사람의 실존에서 흘러나오는 것이 되어야 한다. 진리의 향기를 풍기지 않고, 사랑의 빛을 비추지 않는다는 사람이라면, 주 예수를 믿는 신앙에 대해 과연 알고 있는지 의문이 든다. 신앙 생활과 일상 생활을 구분짓는 것은 그 두 생활 모두 가장 불행하게 만드는 일이다. 우리는 그 두 가지를 하나로 만들기를 원한다.

메리 여왕 시대에 어리석은 사람들이 부서Bucer의 아내의 뼈를 파냈다. 아, 불쌍한 여인이여! 그녀는 복음을 가르치는 자와 결혼했다는 사실 이외에는 아무런 잘못도 저지르지 않았다. 그러나 그 큰 범죄 때문에 사람들은 그녀를 무덤에서 끄집어내어 쓰레기 더미에 묻었다.

엘리자베스 여왕이 등극했을 때 그녀의 뼈들을 또다시 매장했다. 그러나 미래의 어떤 광신자로부터 그것을 보호하기 위하여 우리 조상들은 옥스퍼드에 안치되어 있던 어떤 가톨릭 교도의 유골과 그녀의 뼈를 섞었다. 결코 그것들을 분리할 수 없도록 죽은 두 사람의 유골을 혼합시켰던 것이다. 그래서 부서 부인은 다른 사람의 유골과 섞여 더 이상의 수치를 면하게 되었다.

나는 이와 같이 세속적인 것이 거룩한 것과 섞여지기를 원한다. 우리가 일상적인 행동이 성도로서의 생활의 일부라고 느낀다면 그토록 경솔하게 행동하지는 않을 것이다. 우리가 일상 생활을 따로 떼어놓는다면 그것은 소홀히 여기게 될 것이다. 그러나 만일 우리가 그것을 가장 거룩한 열망과 결합시킨다면 그것은 보호를 받을 것이다.

우리의 신앙은 일상 생활의 일부가 되어야 한다. 그럴 때에 우리의 생활 전체를 파괴자로부터 지킬 수 있다. 성경은 "너희가 먹든지 마시든지 무엇을 하든지 다 하나님의 영광을 위하여 하라"(고전10:31)고 말하지 않는가?

어떤 사람은 "우리는 오락도 즐기기 말아야 합니까?"라고 말한다. 오락은 하나님을 두려워하는 가운데서 즐길 수 있다. 예수님이 행하시는 대로 행하라. 이것이 그리스도를 닮으려고 열망하는 자를 위한 자유이다. 순수하고 올바른 것에도 행복이 존재한다. 그렇지 않더라도 우리는 그것을 찾기 위해서 악을 행해서는 안 된다. 악의 소굴에서 그것을 찾지 않고도 충분히 즐거움을 발견할 수 있다. 마치 왕의 잔치가 돼지의 먹이보다 훨씬 더 낫듯이 어리석은 쾌락보다 훨씬 더 나은 즐거움들이 있다.

때때로 우리의 내적 생명이 기쁨으로 불붙는다. 그 불길이 시들어진다 해도 적어도 우리의 벽난로에는 평화의 불씨가 남아 있다. 그것은 우리의 생활을 그 누구도 부럽지 않게 만들어 준다. 우리가 무엇보다도 먼저 하나님의 나라와 그의 의를 구해야 한다고 말했을 때 나는 당신 앞에 노예 근성을 제시하는 것이 아니다. 그 선택을 정당화시켜 주는 현재적 보상이 있다. 그것이 영원한 미래에 대해서는 천둥 같은 목소리로 호소한다.

인간이 지녀야 할 가장 바람직한 신념은 자신의 소유물들을 초월하는 것이다. 이것은 하나님께서 그 섭리 가운데서 진심으로 자기를 섬기는 사람에게 해주시려고 하는 것이다. 하나님은 그에게 이생에 필요한 것들을 더해 주신다. 이러한 것들은 거룩한 유산의 부산물副産物로 주어진다.

나는 연구와 관련해서 약간의 지출을 한다. 우리는 어떤 물건을 사기 위해서 약간의 돈을 지불해야 한다. 그러나 내가 기억하는 한 끈이나 포장지를 위해서는 지불하지 않는다. 나는 독자와 저자로서 책들을 서점에서 산다. 그때 끈과 포장지는 그냥 준다. 내가 책을 사면 끈과 포장지는 당연히 나에게 주어진다. 이것이 바로 그 개념이다.

당신은 하나님을 영광스럽게 한다는 고귀한 목적에 힘을 써야 한다. 그러면 "우리가 무엇을 먹을까? 무엇을 마실까? 무슨 옷을 입을까?"라는 보다 작은 문제는 부산물로 해결된다. 이 땅의 것들은 포장지와 끈에 지나지 않는다. 당신이 그것들에 대해서 너무 많이 생각하지 않기를 바란다. 어떤 사람들은 그런 포장지와 끈을 많이 소유하고 있으면서 그것들을 자랑스럽게 여기며 우리가 그것들 앞에 엎드리고, 숭배하기를 기대한다. 우리가 그것을 거부한다면 그들은 어리석게도 스스로 자랑한다. 하나님의 종들은 그렇게 해서는 안 된다.

우리에게 '이 모든 것들'은 사소한 문제다. 영혼의 생명이 전부이다. 당신의 인간성을 쪼개서 그 빈 공간을 수표로 채우려 하지 말라. 황금을 얻기 위해서 인간성이나 경건을 상실한 사람은 자기 자신을 속이는 자이다. 하나님과 그리스도를 위하여 자신을 온전히 지켜라. 그러면 다른 모든 것들은 빼기가 아니라 더하기가 된다.

세상을 초월해서 살라. 당신이 재산을 지나치게 높이 평가하지 않는다면 그것은 저절로 찾아온다. 당신이 재산이라는 나비를 지나치게 열심히 쫓는다면 그것을 잡으려고 덮치는 순간 그것을 망치게 된다. 세상의 것들을 주된 목적으로 추구할 때 그것들은 쓰레기로 떨어진다. 그것을 추구하는 자들은 쓰레기를 뒤지는 자의 처지로 떨어진다. 그들이 아무리 쓰레기 더미를 뒤져도 아무것도 발견할 수가 없다.

부정한 돈보다도 더욱 고귀한 것들에 마음을 두라! 그리고 다윗과 같이 부르짖으라. "내가 산을 향하여 눈을 들리라 나

의 도움이 어디서 올꼬"(시121:1). 우리가 그렇게 살 때에 하나
님께서 우리에게 이생에서 필요한 복들을 더해 주실 것이다.
그러나 그것은 우리가 세상적인 것을 우리의 발밑에 두는 것
을 배울 때에만 이루어질 수 있다.

우리 마음을 사로잡는 하나님의 방법

하나님께서 우리의 마음을 사로잡기 위해서 무슨 일을 하셨는가? 어떤 아버지가 자식의 사랑을 잃어버린다면 우리의 첫 번째 질문은 "그가 그것을 되찾기 위해서 어떤 일을 하는가?"라는 것이다.

하나님은 사람의 마음을 얻기 위해서 항상 많은 일을 하신다. 악한 자나 선한 자에게 햇빛을 주신다. 하나님께서는 하늘에서 비를 내려주셔서 열매 맺게 하신다.

우리는 매우 행복하다. 이 세상이 감옥이나 유배지가 아니기 때문이다. 우리는 밝은 날들과 불굴의 정신이 있다. 때때로 크게 기뻐하며 결코 소망을 잃지 않는다. 우리에게 많은 자비를 베풀어 주시는 분이 이렇게 말씀하신다.

"내 아들아 내가 너에게 이런 것들을 주었는데도 나를 사랑하지 않느냐? 네가 나의 손을 보고도 나의 사랑을 믿지 못하느냐?"

하나님께서 당신의 사업을 번창하게 해주셨다면, 하나님께서 당신에게 젊은 날에 아내를 주셨다면, 하나님께서 당신에게 당신의 무릎에서 웃고 있는 자녀들을 주셨다면, 그것들로 인해서 하나님을 사랑하라.

그러한 것들은 자기를 사랑하라고 당신에게 구애하시는 사랑의 표시이다. 하나님께서 우리에게 고난을 주실 때에도 여전히 동일한 목적을 갖고 계신다.

우리는 가족을 우상으로 삼기도 한다. 그러나 하나님께서는 그러한 경쟁자들을 못 견뎌 하신다. 왜냐하면 오직 그분만이 하나님이시며 우리의 마음 전체를 소유해야 하시기 때문이다. 그러므로 하나님은 우상을 제거하신다.

하나님께서는 어떤 사람들로부터 재산을 빼앗아 가신다. 왜냐하면 어떤 사람들은 가난에 찌들 때 하나님의 부富를 찾기 때문이다. 하나님께서는 주실 때보다 가져가실 때 더욱 친절하시다. 귀여운 자녀가 곱슬머리를 하고 우리의 사랑을 독차지하고 있을 때 하나님의 부르심을 받았다. 그 아이가 천사들 사이로 올라갔을 때 우리의 마음도 천국을 향하게 된다. 마치 목자를 따라가지 않으려는 양이, 목자가 그 새끼를 품에 안고 갈 때에 그를 따라가게 되듯이, 많은 아버지의 마음도 그와 같다. 귀여운 아기들은 육과 혈을 가진 복음이었으며 우리를 아버지께로 부르는 자비의 사자들이었다.

고난을 당하지 않는 사람은 없다고 확신한다. 추운 겨울과 어둡고 긴 밤을 보내지 않는 사람은 우리 가운데 아무도 없다. 밤의 환상 가운데서 하나님께서는 우리에게 말씀하신다.

"너는 물을 담아둘 수 없는 무너진 저수지에서 돌아서서 영원한 기쁨과 사랑의 샘물을 마시지 않겠느냐?"

하나님께서는 관대한 말과 엄격한 말로써 우리의 사랑을 요구하신다.

하나님께서는 우리 모두에게 동일한 목적을 위하여 작용하는 양심을 주셨다. 어떤 사람들은 양심을 마비시키려고 애썼다. 아! 그것은 완전히 마비되었다. 양심은 점차적으로 침묵을 지키게 되었다. 그러나 우리에게는 때때로 이렇게 부르짖는 양심이 있다.

"이것은 올바르지 않다. 이것은 올바르지 않다. 이러한 인생길에는 평화가 없다. 이런 식으로 살면 미래의 축복을 기대할 수 없다."

양심은 자명종처럼 울리며 우리의 문을 두드린다. 그것은 마치 집에 불이 났을 때 밤의 파수꾼과 같다. 양심은 우리에게 말한다.

"만일 당신의 행위를 고치지 않는다면 영원히 잘못될 것이다. 깨어나 하나님을 찾아라!"

당신은 마음속에서 하나님을 구하라는 작은 음성을 듣는가? 즉시 그 말씀을 들어라. 그것이 당신의 생명이기 때문이다.

그러나 무엇보다도 하나님께서는 우리의 사랑을 얻기 위해서 성경에서, 그리고 그의 독생자를 통해서 자신을 계시해 주셨다. 하나님의 얼굴은 너무나도 아름답기 때문에 천사들도 그 모습을 보았을 때 영원히 찬양하게 된다.

사람들도 그 모습을 보았을 때 비록 '거울을 통해서 희미하게' 보는 것 같을지라도 불가피하게 사랑하게 된다.

와츠Watts 박사는 다음과 같이 노래했다.

"열방이 그의 가치를 안다면

온 세상이 그를 사랑할 것이다."

당신은 "하나님이 어떻게 그의 얼굴을 보여 주셨는가?"라고 말한다. 그것은 순수하고 무조건적인 사랑으로 말미암아 하늘의 보좌를 버리시고 구유에 내려와 우리와 같이 되신 하나님의 독생자를 통해서였다. 그분은 이 땅에서 가난하게 살다가 마침내 우리를 위해서 대신 죽으셨다.

갈보리를 보라. 거기서 하나님께서는 우리가 죄의 결과로부터 피할 수 있도록 대신 죄 짐을 지셨다. 예수님께서 그 머리에 가시면류관을 쓰시고 공의를 침해하지 않고 한없는 자비를 베풀어 주기 위해서 그 영혼을 포기하셨다. 거기서 그분은 이렇게 말씀하셨다.

"사람들이여, 나를 보라. 나는 사랑의 하나님이다. 만일 너희가 나에게로 돌아와 나에게 너희 마음을 주고, 예수 그리스도 안에서 나의 사랑을 받아들이며 너희 영혼으로 나의 아들을 믿는다면, 나는 엄격한 공의 가운데서 칼을 뽑아 너희에게 징벌을 가하지 않을 것이다."

오늘날 사랑의 하나님께서 모든 지나간 것들에 대하여 간과와 망각의 법령을 선포하신다. 당신의 사랑이 아무리 작은 것이라 해도 하나님을 사랑하기를 원한다. 하나님께서 당신의 허물을 깊은 바다에 던져버리실 것이기 때문이다.

우리가 아무리 먼 나라로 갔을지라도 하나님께서는 기꺼이 우리를 그 품에 안으시며 마치 우리가 결코 방황하지 않았던 것처럼 우리를 다시 데려오신다. 마치 비유에 나오는 아버지가 되돌아온 탕자를 기뻐했듯이 우리를 기뻐하신다.

우리가 예수님을 죄를 위한 화목제물로 믿는다면 하나님께서는 우리의 범죄에 대하여 이렇게 말씀하실 것이다.

"나는 너희들의 모든 죄를 나의 등뒤로 던져 버렸다. 나는 더 이상 그것들을 기억하지 않을 것이다."

그러므로 하나님께서는 자신의 사랑을 보여 주기 위하여 우리 앞에 매우 단순한 구원을 길을 제시하신다. 당신이 어두운 방으로 들어간다면 "내가 어떻게 이 어두움을 몰아낼 수 있겠는가?"라는 생각이 들 것이다.

이것은 매우 어려운 문제이다. 당신은 모든 철학자들과 사상가들에게 이 수수께끼를 보낼 것이다.

"어떻게 우리가 방에서 어두움을 몰아낼 수 있겠는가?"

그들은 그 문제를 풀 수 없을 것이다. 그러나 작은 어린이가 들어와 창문을 열자. 어두움은 사라졌다.

인간의 마음속에 들어 있는 모든 죄와 적개심을 우리가 제거하기는 불가능하다. 그러나 복음은 "예수 그리스도 안에서 계시되어 있는 대로 하나님의 사랑을 믿어라. 그러면 모든 것이 빛이 될 것이다"라고 말한다.

이것이 창문을 열어 주는 것이며 즉시 어두움이 사라진다. 그 영혼은 빛과 평화를 소유하며 하나님을 사랑하기 시작한다. 그처럼 쉽게 또 그처럼 값없이 용서해 주시고 우리의 구속을 위하여 자신의 아들을 주시고 또 과거의 모든 죄악들을 단번에 도말하기 위해서 그 아들을 죽기까지 내주신 분을 사랑하지 않을 수 없기 때문이다. 예수님을 믿는 순수한 신앙에는 놀라운 효과가 수반된다. 이것이 가져다주는 변화는 도덕적인 기적이다.

많은 사람들이 또다시 어린이가 되어 최초의 기도를 배운 어머니의 무릎에 앉기를 원한다. 그는 또다시 요람에 들어가 자장가와 함께 예수님의 이름을 들으며 보다 지혜로운 목적과 보다 고귀한 목표로 인생을 다시 시작하고 싶어한다. 그러나 우리의 어린 시절과 오늘날을 가로막는 그 어두운 세월들, 방황과 죄악의 세월들이 있다!

그렇지만 용기를 가져라. 다시 시작할 수 있다. 당신의 꿈은 어떤 의미에서는 실현이 된다. 보라. 주님께서 당신에게 중생하기를 제안하신다. 예수 그리스도 안에서 새로운 피조물이 되기를 제안하신다. 그리스도께 와서 그분을 믿는 사람은 누구든지 하나님의 아들의 죽음으로 말미암아 하나님과 화목하게 된다. 이것은 그리스도 예수 안에서 하나님을 믿는 단순한 믿음이다.

하나님께서 또 다른 선물을 약속해 주셨다. 이것은 하나의 선물로써 그분의 사랑을 입증해 준다. 하나님께서는 우리에게 성령님을 약속해 주셨다. 우리의 심령이 연약하고 변덕스럽기 때문에 하나님께서 자신의 거룩한 성령님을 주셔서 우리 안에 거하게 하셨다.

젊은이여, 성령님이 당신 안에 거하시며 모든 잘못된 정열을 억제하고 거룩한 소망을 불러일으켜, 당신이 살아 있는 동안에 하나님의 사랑하는 종이 될 수 있게 해주실 것이다.

중년의 신사들이여, 성령님께서 당신을 근심과 탐욕과 세속적인 것으로부터 구해 주시고 당신에게 보다 고상한 목적들을 제공해 주실 것이다.

노인들이여, 거룩한 성령님이 당신 안에 거하시어 위대한 수확의 날을 위하여, 신자들을 위해 준비된 천국을 위하여 당신을 성숙하게 만들어 줄 것이다. 성령님은 모든 사람들에게 필수불가결하다.

"너희가 악한 자라도 좋은 것으로 자식에게 줄 줄 알거든 하물며 하늘에 계신 너희 아버지께서 구하는 자에게 좋은 것으로 주시지 않겠느냐"(마7:11).

어떤 사람들은 이렇게 변명을 한다. "나는 그 말씀을 알고 있습니다. 그리고 결국에는 그것에 대해서 생각할 것입니다. 그러나 지금은 시간이 없습니다." 당신의 변명은 아무런 소용이 없다. 왜냐하면 하나님께서 당신에게 시간을 주셨기 때문이다.

하나님께서 당신을 만드시고 당신의 자리를 정해 주셨을 때 시간도 주셨다. 그것을 낭비했다. 그것을 보다 저급한 목적을 위해서 사용했다. 당신의 시간은 자신의 것이 아니라는 사실을 기억하라. 당신은 단지 종에 지나지 않는다. 매 순간마다 주인의 지시에 대하여 책임을 져야 한다.

당신이 회계를 맡았다면 주인이 "장부가 정리되어 있지 않아 결산할 수가 없네"라고 말했을 때 당신은 "시간을 낼 수 없습니다"라고 대답하지는 못할 것이다. 당신은 그분의 하인이기 때문에 당신의 시간은 그분께 속해 있다. 우리의 시간은 우리의 것이 아니라 하나님의 것이다. 사람이 가장 먼저 해야 할 일은 시간을 올바르게 사용하는 것이다. 이 일은 직업에 종사해야 하는 시간을 빼앗지 않는다. 그 사람은 모든 것을 거룩하게 만들어 주는 주된 목적인 하나님의 영광을 추구하면서도, 이전과 마찬가지로 자기 일을 할 수 있는 시간을 낼 수 있다.

시간이 없다고 말하지 말라. 가장 부지런한 사업가는 크리스천들이다. 어떤 사람은 주일학교를 위해서도 시간을 내고, 교회의 집사 직분을 위해서도 시간을 내는 것을 보았다. 아니 설교를 하기 위해서 시간을 내면서도 가장 부지런하게 사업을 하는 사람도 보았다.

만일 그들이 사업을 게을리했다면 하나님을 섬기는 일에도 실패했을 것이다. 사업과 신앙 사이를 구분하는 날카로운 경계선은 없기 때문이다. 올바른 견지에서 볼 때 우리의 신앙은 우리의 사업이다. 우리의 사업은 우리 신앙의 일부분이다. 신앙 생활과 일상 생활 사이를 구분하는 것은 해로운 일이다. 왜냐하면 인생은 한 조각으로 이루어져 있기 때문이다.

"그런즉 너희가 먹든지 마시든지 무엇을 하든지 다 하나님의 영광을 위하여 하라"(고전10:31).

어떤 사람들은 우리가 정치에 대해서 기도한다고 비난한다. 그러나 기도해서는 안 되는 정치란 없다. 나의 신앙이라는 넓은 하늘 아래 포함되지 않는 일은 아무것도 없다. 만일 어떤 것이 명백한 잘못이라면 나는 그것을 반대하는 기도를 드릴 것이다. 신앙은 정치와 사업 위에 마치 여왕처럼 앉아 있다. 그들은 "그러나 사업은 사업이다"라고 말한다.

나도 그것을 알고 있다. 그러나 그런 식의 사업이라면 그것은 사업이 아니다. 사업가에게서 가장 큰 사업은 하나님께 진 빚을 지불하고 하나님을 찬양하기 위해 사는 것이어야 한다. 그는 그 일을 할 수 있다. 그러면서도 사람에게 진 빚을 갚을 만한 충분한 시간이 있다.

또 다른 사람은 마치 그가 결정적인 대답을 제시한 것처럼 "그러나 당신은 나의 마음이 잘못되었다는 것을 압니다. 나는 하나님을 사랑하지 않는 마음을 가지고 있습니다"라고 대답한다. 아, 그것은 애석한 일이다. 그러나 그것은 당신의 잘못이지 변명이 될 수는 없다.

여기에 절도 행위를 한 혐의로 재판장 앞에 끌려온 사람이 있다. 그의 변명은 자기는 본래 올바른 행동을 할 수 없다. 그의 마음은 항상 부정을 향하는 경향이 있다는 것이다. 재판장은 다음과 같이 말했다. "나는 징역 1개월을 선고할 것입니다. 그리고 그 후에 2개월을 더 추가할 것입니다. 왜냐하면 당신 자신도 자백했듯이 당신은 타고난 악인이기 때문입니다. 당신의 절도행위는 우연한 행동이 아니었습니다. 당신이 악인이라는 사실은 분명합니다. 그러므로 당신을 감금해 두는 것이 더 낫습니다."

또 어떤 사람이 "나의 마음은 너무나 강팍합니다. 나의 마음은 악합니다"라고 말할 때 그것은 보다 큰 죄를 인정하는 것이다. 그것을 변명으로 사용하지 말라. 그것을 하나님 앞에서 겸손한 마음으로 "오! 하나님, 내 안에 깨끗한 마음을 만들어 주소서. 내 안에 올바른 심령을 심어 주소서"라고 말할 수 있는 이유로 삼아라. 이러한 변명들은 분명히 이치에 맞지 않는다.

결제일이 되면 증권거래소가 문을 닫는다는 이야기를 들은 적이 있다. 나는 그런 금융계의 이모저모에 대해서는 잘 모른다. 하지만 우리 모두에게도 그런 결제일이 다가온다는 사실은 잘 알고 있다. 그날이 되면 당신은 잔치를 벌일 수도 있고, 밀린 대금을 지불해야 할 수도 있다.

젊은 시절과 장년 시절을 즐기며 마음껏 시간과 물질을 써

버릴 수도 있다. 하지만 우리 모두를 심판하기 위해 그분이 구름을 타고 오신다. 각자 조용히 앉아서, "심판날에 내가 갈 곳은 어떤 곳일까" 생각해보기 바란다.

크고 흰 보좌가 눈 앞에 있고 천사장의 나팔소리가 울려퍼지며 최후의 심판이 선포되는 소리를 듣게 되는 걸 희미하게나마 상상할 수 있을 것이다.

자, 그날 이런 질문을 듣게 되면 뭐라고 대답하겠는가? "네 마음을 다하여 하나님을 사랑하였는가?" 복되신 하나님을 멀리하고 살았다면 아무 대답도 못할 것이다. 그리고 그 침묵은 당신의 운명에 봉인을 할 것이다.

그렇지만 당신이 지금 성령님의 인도하심을 따라 과거의 잘못을 회개하고, 예수님만을 신실하게 의지한다면 아무런 두려움의 그늘 없이 마지막 부르심에 응할 수 있을 것이다.

쓸데없는 걱정에서 벗어나는 길

　어떤 철학자가 이렇게 말했다. 어떤 사람이 자기에게 30년의 인생이 남아 있다는 사실을 안다면 그 중에서 20년 동안은 삶을 계획하고 규칙을 세우는데 소비하는 것이 현명한 일일 것이다. 왜냐하면 30년 전체를 제멋대로 낭비하는 것보다 잘 준비된 10년 동안 더 많은 일을 할 수 있기 때문이다. 그 말 속에는 진리가 들어 있다. 어떤 사람이 무기를 다루는 방법을 배우지 못했다면 총을 소유해도 아무런 소용이 없을 것이다.

　나는 지금까지 위험하게 산 사람들에게 말해주려고 한다. 그들을 보다 소망적인 삶의 방식으로 초대하려고 한다. 많은 목표와 목적을 가진다는 것은 아무런 목적도 없는 것과 같다. 어떤 사람이 여러 가지 목표물을 향해 쏜다면 그는 아무것도 맞추지 못할 것이다.

우리가 무엇을 위해 사는지를 안다는 것, 그리고 에너지를 집중시켜서 가치 있는 목적을 위하여 산다는 것은 좋은 일이다. 그래야 종말이 왔을 때 인생의 성공을 거두지 않겠는가? 우리의 목적은 올바른 것이었는가? 그것을 올바르게 추구했는가? 이생의 전투가 끝났을 때 우리 행동의 결과는 바라던 대로 되었는가? 이 문제들은 즉시 고찰해 볼 만한 가치가 있다.

그것들로부터 또 다른 질문을 할 수 있다. 인생과 관련해서 신앙은 어떤 위치를 차지해야 하는가? 이것은 인생을 준비할 때 자연스럽게 제기되는 질문이다. 우리가 그것을 생각하기 위하여 무엇을 선택하든지 세상에는 종교가 있으며 우리 안에는 영적인 것들에 대한 어떤 열망이 있다.

우리는 이 가시적인 세상이 제공해 줄 수 있는 것 이상의 어떤 것을 필요로 하고 있다는 것을 느끼지 않을 수 없다. 그런 느낌을 개발하는데 큰 기쁨을 발견한다. 그것은 우리에게 영적인 본성이 있다는 표시이며 불멸의 것에 대한 예언이기 때문이다. 우리에게 이생은 살 만한 가치가 있다. 왜냐하면 그것은 보다 나은 생을 약속해 주기 때문이다.

"아, 만일 사랑이 모든 것이라면
이 땅이여, 아무것도 그것을 초월할 수 없을 것이다!"

만일 인생이 모든 것이라면 보다 고귀하고 보다 나은 존재적 상태는 없을 것이다! 불멸의 것에 대한 인간의 소망이 죽음을 상징하는 것보다 더욱 슬픈 것은 없을 것이다.

당신과 나의 인생에서 신앙은 어떤 위치를 차지해야 하는가? 그 대답은 또 다른 질문에 달려 있다. 즉 신앙이 무엇이며 그 신앙은 무엇을 요구하는가? 위대하신 하나님과 영혼과 영원이 요구하는 것은 무엇인가?

"너희는 먼저 그의 나라와 그의 의를 구하라. 그리하면
이 모든 것을 너희에게 더하시리라"(마 6:33).

도시인들은 공통적으로 쓸데없는 걱정을 한다. 그것은 어디에나 존재한다. 우리는 신경질적이고 소심하며 의심하고 두려

워하는 경향이 있다. 그들 자신이 그것을 인식하지 못한다 해도 비관론자들이 많이 있다. 그들에게는 나쁜 일이 항상 옆에 도사리고 있다. 우리는 어두움 속에서 도약하려 한다. 그들의 새는 올빼미나 까마귀이다. 그들의 백조는 검은 색이다.

만일 오늘 비가 온다면 내일도 비가 올 것이며, 그 다음날 그리고 그 다음날도 비가 올 것이며, 결국 대홍수가 일어날 가능성이 크다.

오늘 날씨가 맑다면 내일은 건조할 것이며, 계속해서 수개월 동안 건조할 것이다. 따라서 온 땅과 초원이 가뭄으로 메마를 것이다. 태양에 대해서 말하자면 그들은 태양에 흑점이 있기 때문에 낙심한다. 그들은 태양의 빛을 거의 보지 못한다. 다만 두려운 가운데서 흑점을 사랑한다. 이와 같은 마음은,

"나무에서 독을, 흐르는 시냇물에서 죽음을 발견하며
돌에서 장송곡을, 모든 것에서 나쁜 것을 발견한다."

그들은 그것을 피할 수가 없다. 그러나 크리스천은 그것을 피해야 한다. 왜냐하면 주님의 훈계는 분명하며 구속력이 있기 때문이다. "그러므로 염려하지 말라." 크리스천에게는 걱

정이 금지되어 있다. 그것은 불필요하다. 그리스도께서 말씀
하셨다.

> "공중의 새를 보라 심지도 않고 거두지도 않고 창고에
> 모아들이지도 아니하되 너희 하늘 아버지께서 기르시
> 나니 너희는 이것들보다 귀하지 아니하냐?"(마 6:26).

하늘에 계신 아버지께서 당신을 돌보아 주신다면 비록 보리
쌀 두 알조차 가지고 있지 않을지라도 나뭇가지 위에 앉아서
노래하는 작은 새를 볼 때 부끄럽지 않은가? 하나님께서는 공
중의 새도 책임져 주신다. 그래서 새들은 걱정하지 않고 살아
간다. 우리도 그렇게 하지 못할 이유가 무엇인가?

주님은 또한 그와 같은 걱정은 필요 없을 뿐만 아니라 쓸모
도 없다고 가르치셨다. 우리가 아무리 걱정해도 키를 한 자라
도 더할 수 없기 때문이다. 우리가 염려한다고 무엇이 달라지
겠는가? 농부가 비가 오지 않는다고 한탄한들 무슨 소용이 있
겠는가? 그의 걱정이 하늘의 병마개를 뽑을 수 있는가? 바람
이 자기의 짐을 실은 배를 지체시킨다고 상인이 한숨을 지어
도 그의 불평이 바람의 방향을 바꿀 수 있는가?

우리가 초조해 하고 애를 태워도 조금도 나아지지 않는다. 우리가 최선을 다하고 염려를 하나님께 맡기는 것이 보다 지혜로운 일이다. 분별력은 지혜이다. 왜냐하면 그것은 수단을 목적에 맞추기 때문이다. 그러나 걱정은 어리석은 일이다. 왜냐하면 신음하고 걱정해도 아무것도 이룰 수 없기 때문이다.

그 외에 주님의 말씀에 따르면 육적인 것들에 대한 걱정은 이방인이 하는 것이다. "이는 다 이방인들이 구하는 것이라"(마 6:32). 그들에게는 하나님도 없고 섭리도 없다. 그러므로 그들은 스스로 섭리가 되려고 노력한다.

"하나님의 섭리는 나의 유산이다"라고 말할 수 있는 하나님의 사람은 걱정 때문에 얼굴이 수척해질 이유가 없다. 하늘의 후사는 세상 사람보다 더욱 고상하게 행동해야 한다. 세상 사람들은 이생에서 자기의 몫을 찾으며 하나님도 없고 소망도 없이 살아간다. 우리가 하나님을 불신하는 것은 유치하고 수치스러운 일이다.

나는 어느 날 친구가 모는 사륜마차를 타고 길거리를 지나가고 있었다. 그는 훌륭한 마부였는데 좁은 길을 지나가야만 했다. 내가 보기에는 트럭과 버스에 충돌할 것만 같았다. 겁이 나서 몸을 움츠렸다. 그리고 솔직하게 두려움을 표현했다. 그러자 그는 미소를 지으며 고삐를 나의 손에 넘겨주며 말했다. "당신이 나를 믿지 못한다면 당신 자신이 말을 몰아보겠는 가?" 나는 걱정으로부터 완전히 자유로워졌다. 내 자신이 마부가 되는 것보다도 그를 믿고 그가 원하는 대로 말을 몰도록 했다.

위대하신 하나님께서도 그분의 섭리에 대해서 불평하는 사람들에게 동일한 제안을 하신다. 우리가 하나님을 믿을 수 없다면 스스로 살아가는 것이 더 낫지 않겠는가? 우리가 그리스도 안에 있는 사람들이라면 하나님을 믿고 바깥 세상과 또 우리 자신 안에 있는 작은 세상에 대한 지배권을 하늘에 계신 아버지께 맡겨야 한다. 하나님께서는 자기를 사랑하는 자들에게 모든 것이 합력하여 선을 이루게 하신다.

우리 속에는 걱정하는 경향이 있다. 우리가 그것을 이용할 수는 없는가? 나는 그렇게 할 수 있다고 생각한다. 어떤 사람들은 원래부터 사려 깊고 주의깊다. 그들은 이러한 경향을 유익으로 바꿀 수 없는가? 사람은 걱정하는 경향이 있다. 좋다. 걱정하자. 그러나 우리의 걱정이 올바른 방향으로 향하게 하자.

여기에 정신적인 열정이 있다. 그것을 어떤 유익한 목적을 위해서 사용하자. "너희는 먼저 그의(하나님의) 나라와 그의 의를 구하라"(마 6:33). 그것을 당신의 모든 염려로 구하라. 그것을 힘을 다하여 구하라. 그것에 대해서 걱정하라. 당신의 마음이 그 방향으로 향하게 하라. 하나님과 의에 관한 한 아무리 염려하고 아무리 힘을 쏟아도 결코 지나치지 않다.

진정한 신앙, 그것은 무엇인가? 그것은 "하나님의 나라"이다. 불필요한 신학 용어는 단 한가지도 사용할 필요가 없다. 위대하신 하나님께서는 항상 이 세상에 그의 나라를 가지고 계신다. 하나님께서 이스라엘 백성들 사이에 나라를 세우셨다. 그들에게 율법과 율례를 주셨다. 그러나 지금은 주님이 온 세상의 왕이시다. "온 땅의 하나님이라 일컬음을 받으실 것이라"(사 54:5). "땅과 거기에 충만한 것과 세계와 그 가운데에 사는 자들은 다 여호와의 것이로다"(시 24:1).

하나님께서는 이 세상에 그의 나라를 갖고 계신다. 그러나 사람들은 그것을 너무나도 무시하고 망각한다. 우리가 해야 할 첫 번째 일은 그 나라에 들어가는 것이다. 주 하나님을 왕으로 모시고 거룩한 율법에 따라 인생을 살아가기를 배운 사람은 복된 사람이다. 가장 큰 자유는 하나님의 멍에를 메는 데서 온다. 자기 영혼을 자신의 것이라고 말하지 못하는 사람은 불쌍한 노예이다. 그러나 오직 죄만을 두려워하는 하나님의 종은 고귀한 사람이다. 우리가 사람들을 이기기 위해서는 하나님 앞에 머리를 숙여야 한다. 우리가 전적으로 주님께 복종한다면 사람들 사이에서 영향력을 발휘하게 된다.

우리는 성령으로 거듭남으로 말미암아 하나님의 나라에 들어갈 수 있다. "사람이 거듭나지 아니하면 하나님의 나라를 볼 수 없느니라… 사람이 물과 성령으로 나지 아니하면 하나님의 나라에 들어갈 수 없느니라"(요 3:3-5). 그러한 중생 가운데서 우리는 주 예수 그리스도께 복종하며 그분 안에서 영생을 발견하는 법을 배울 수 있다.

하나님께서 주 예수를 만물의 후사로 정하셨다. 하나님께서는 예수님과 함께 세상을 만드셨다. 하나님께서는 예수님에 대해서 이렇게 말씀하셨다. "그의 아들에게 입맞추라 그렇지 아니하면 진노하심으로 너희가 길에서 망하리니 그의 진노가 급하심이라"(시 2:12).

그리스도 대한 믿음이 우리의 죄를 십자가 밑에 갖다 놓았으며 우리에게 내적 생활에 성결을 가져다주었다. 우리는 예수님을 믿고 그의 위대한 대속을 믿어야 한다. 그의 대속을 떠나서는 구원도 없고 진정으로 하나님을 섬길 수도 없다. 이러한 믿음이 우리를 하나님의 나라로 인도해 준다. "영접하는 자 곧 그 이름을 믿는 자들에게는 하나님의 자녀가 되는 권세를 주셨으니"(요 1:12). 모든 사람들의 첫 번째 걱정은 하나님 나라의 충성스러운 백성이 되는 것이어야 한다.

우리가 하나님과 화목하고 그의 지배하에 있다는 것을 느낄 때 그 다음 목적은 그곳에 계속 머물고 거룩한 율법에 더욱 완전하게 순종해야 한다. 그럴 때 우리는 그 나라의 모든 특권을 더욱 완전하게 누릴 수 있다. 하나님의 나라에서 모든 사람들은 왕이며 제사장이다. 하나님을 섬기는 자는 모든 것을 소유하는 자가 된다. 우리가 그리스도의 것이 될 때 만물이 우리의 것이 된다.

"이 세상은 우리의 것이며 다가올 세상도 그러하도다.
땅은 우리의 별장이며 하늘은 우리의 집이다."

크리스천은 그리스도 예수 안에서 성도들의 유산이 무엇인지 완전히 알아야 한다. 그 다음 우리가 할 일은 그 나라를 확장시키는 것이다. 다른 사람들을 그리스도의 지배 아래로 인도하는 것이다. 다른 사람들로 하여금 주 예수의 주권을 인정하도록 인도하는 것이 우리의 필생의 사역이 되어야 한다.

당신은 얼마나 좋은 기회를 가지고 있는가! 당신의 지위, 당신의 교육, 당신의 재산, 이 모든 것들이 당신에게 주님을 섬길 수 있는 유리한 위치를 제공해 준다. 당신은 이것들을 이용하고 있는가? 크리스천 사역자들에게서 그들의 일상 생활 가운데 선교사의 역할을 하는 사람들을 소유한다는 것은 큰 기쁨이다.

나는 기쁜 마음으로 어떤 가난한 소녀가 하는 말을 들은 적이 있다. 그녀는 그리스도에 대한 믿음을 고백하며 이런 이야기를 덧붙였다. "당신께 말씀을 드리고 싶어서, 바깥에서 기다리고 있는 또 다른 소녀가 있어요. 그녀는 시내 상점에서 저와 함께 일하고 있어요. 저는 그녀에게 말했어요. 그리고 그녀는 예수님을 찾았어요. 저는 그녀가 회심했다고 믿어요."

높은 지위에 있는 많은 사람들이 그들이 고용하고 있는 가난한 일꾼들보다 영혼을 구원하는 일에 덜 부지런할까봐 두렵다. 과연 그래야 하겠는가? 다른 사람들에게 영적인 생활을 나누어주는 수단이 되는 사람은 인생을 가장 훌륭하게 살고 있다. 당신이 아무 데도 쓸모가 없기 때문에 외로이 종말을 맞이하지 않기를 바란다.

우리는 얼마 전에 배가 파선됐다는 소식을 들었다. 어떤 어머니가 해변으로 떠내려 왔다. 그러나 그녀의 자녀들은 모두 물에 빠져 죽었다. 그녀는 남편에게 두 단어로 된 전보를 쳤다. 첫 번째 단어는 그가 보기에 매우 기쁜 것이었다. 그것은 "구조되었다Saved"는 것이었다. 그 다음 단어는 불행으로 가득 찬 것이었다. "혼자만 구조되었다Saved alone."

당신이나 나도 그렇게 되기를 바라는가? 혼자만 구원을 받을 것인가? 절대로 그렇지 않다. 우리가 천국 문에 도착했을 때 "제가 여기에 왔나이다. 그리고 당신이 저에게 주신 자녀들도 왔나이다"라고 말할 수 있어야 한다.

이것이 "하나님의 나라를 구하라"라는 말의 의미이다. 만일 우리가 질서 정연하고 유용하고 행복하고 귀한 삶을 살려면 주님의 통치가 우리의 주된 목적이 되어야 한다.

청년들을 축복하라

요셉은 외로운 사람이었다. 야곱의 가정에서 그는 미운 오리새끼였다. 그는 어렸을 때부터 다른 사람들과 달랐다. 그는 애늙은이였다. 즉 젊었을 때에도 생각과 경건에 있어서 늙은이 같은 아이였다. 그는 일찍부터 성숙했다. 그리고 그것은 뒷걸음질치지 않았다. 그 결과 요셉은 특별한 시련 가운데서 홀로 있는 외로운 사람이 되었다. 그의 형제들이 미워했기 때문에 그는 큰 고난을 당하게 되었으며 마침내 노예로 팔려가 애굽에서 가혹한 시련을 경험했다. "활쏘는 자가 그를 학대하며 적개심을 가지고 그를 쏘았으나"(창 49: 23).

그러나 그 보상을 보라. 그는 오직 자신만의 특별한 복을 받았다. "요셉의 활은 도리어 굳세며 그의 팔은 힘이 있으니 이는 야곱의 전능자 이스라엘의 반석인 목자의 손을 힘입음이라"(창 49:24).

형제들이 그를 싫어했기 때문에 그는 하나님의 특별한 은총을 받았다. 야곱이 늙어서 죽게 되었을 때 요셉은 그의 형제들과 함께 받은 복 이외에 자기만의 특별한 축복도 받았다. 창세기 49장에는 "너희는 모여 들으라 야곱의 아들들아 너희 아버지 이스라엘에게 들을지어다"(창 49:2)라고 되어 있다. 그리고 그들이 그렇게 했을 때 하나의 가족으로서 그들의 아버지의 예언적 눈길이 미리 내다본 복을 받았다.

그러나 그 이전에 그들에게 특별히 허락된 개인적인 면담을 통해서 "야곱은 믿음으로 요셉의 두 아들을 축복해 주었다." 그가 그토록 많은 환난을 당하지 않았다면 그의 위로가 그토록 많을 수는 없었을 것이다.

당신도 자신만이 특별한 슬픔을 당하고 있는 것 같은가? 고난의 화살이 당신의 인생을 과녁으로 삼고 있는 것 같은가? 당신은 다른 사람들보다 더 많은 징계를 받고 있는 것 같은가? 그렇다 해도 그것을 유감스럽게 생각하지 말라. 왜냐하면 그 화살은 언약적 사랑으로 그 날개를 달고 있기 때문이다. 그 것은 그 상처들을 통해서 특별한 목적을 위하여 당신을 준비 시키기 위한 것이다. 그것은 하늘에 계신 아버지로부터 오는 특별한 복으로 인도해 준다.

야곱은 요셉을 축복해 주었다. 그는 자기의 자녀들을 축복 하는 가운데서 그를 축복해 주었다. 요셉은 에브라임이나 므 낫세보다 두 배나 축복을 받았다.

친애하는 청년들이여, 당신의 아버지는 "우리의 자식들이 진리 안에서 행하는 것보다 더 큰 기쁨은 없다"라고 말씀하신 다. 만일 회심하지 못한 자가 부모님의 깊은 마음을 안다면 거 룩한 것들에 대해서 그토록 오랫동안 경솔하고 무관심하지는 않을 것이라 생각한다.

당신이 부모의 마음을 밝게 해줄 천국의 기쁨을 소유할 수 있다면, 당신이 주 안에서 구원받는 것을 볼 수 있다면, 당신 은 자신의 길에 대해서 깊이 생각하고 마음을 다하여 주님께 로 돌아올 것이다. 하나님께서는 택한 자들에게 은혜의 언약 을 주실 뿐만 아니라 그의 은혜로 그 자녀들을 동일한 은혜로 부르신다. 그 어떤 세상적인 친절도 그들에게 더 나은 것을 해 줄 수 없다. 당신은 이것에 대해서 생각해 보지 않겠는가?

14. 청년들을 축복하라

청년들은 그들의 아버지의 인생 이야기에 대해서 큰 관심을 가진다(만일 그것이 가치가 있는 것이라면). 그들이 하나님의 선하심에 대한 아버지들의 개인적인 경험을 들었을 때 오랫동안 기억하게 된다. 우리는 모두 전기를 읽는다. 거기서 발견할 수 있는 경험의 결과를 가치 있게 평가한다. 우리 친척들의 전기는 특히 귀중하다. 그 전기들을 단순히 읽는 것이 아니라 말로 들었을 때 얼마나 큰 설득력을 가지겠는가!

젊었을 때 어떤 목사님의 설교를 들었다. 그분은 늙어서 시력을 잃었는데도 불구하고 성만찬 때에 설교를 하며 방금 교회에 다니기 시작한 청년들에게 증거했다. 그것이 우리에게 너무나 감동을 주어 신실한 하나님을 믿게 되었다. 그 선량한 분은 매우 쇠약해졌지만 진지하게 자기가 어렸을 때 그리스도께 자기의 마음을 바친 것을 결코 후회하지 않는다고 말했다. 내가 그와 같은 하나님을 나의 하나님으로 모실 수 있어서 너무나 기쁜 나머지 심장이 뛰는 것을 느꼈다. 그분의 간증은 젊은이가 결코 경험할 수 없는 것이었다.

그는 유창하게 말하지는 못했지만 그 뒤에 있는 80년이란 세월의 무게가 젊은 나의 마음에 진한 감동을 주었다. 주님을 섬기다가 머리털이 하얗게 된 우리는 주님의 이름을 찬양하는 일에서 뒷걸음질쳐서는 안 된다. 당신은 천국에서는 그토록 훌륭한 일을 할 수 없다. 왜냐하면 그곳에 있는 사람들은 모두 그것을 알고 있기 때문이다.

그러나 여기에 있는 사람들은 우리가 시험하고 입증한 하나님에 대한 우리의 증언을 필요로 한다. 기회 있을 때마다 주님에 대하여 말하자. 하나님께서는 일생 동안 우리를 기르셨으며 모든 환난에서 건져주셨다. 이것이 청년들을 축복해 줄 수 있는 가장 좋은 방법들 중의 하나이다. 야곱의 축복은 그의 전기와 얽혀 있다. 자신이 누리던 복을 자녀들에게 나누어 주기를 원했다. 그가 축복을 했을 때 자신의 개인적인 간증을 통해서 그것을 이룰 수 있었다.

더 나아가 야곱은 그의 손자들을 축복해 주는 가운데서 그들을 하나님께 소개했다는 사실을 주목하기를 바란다. 그는 "내 조부 아브라함과 아버지 이삭이 섬기던 하나님, 나의 출생으로부터 지금까지 나를 기르신 하나님"(창 48:15)에 대해서 말했다. 이것이 사람과 사람 사이에 존재하는 큰 차이점이다. 두 종류의 사람이 있는데 하나님을 두려워하는 사람과 하나님을 두려워하지 않는 사람이다.

오늘날의 종교는 잘못된 방향으로 가고 있다. 그것은 소위

"인간의 열정"을 추구하고 있다. 그러나 우리가 더욱 원하는 것은 하나님을 위한 열정이다. 만일 하나님이 첫째요, 중간이요, 마지막이 아니라면 우리는 결코 올바르게 갈 수 없다. 경건에 기초하지 아니한 선행은 아무런 쓸모가 없다. 만일 우리가 먼저 하나님에 대한 사랑을 개발하지 않는다면 인간에 대한 사랑은 오래가지 못한다.

소년들이 인생을 시작할 때 필요로 하는 것은 하나님이다. 비록 우리가 그들에게 줄 만한 것이 아무것도 없다 해도 그들이 하나님을 소유하고 있다면 그것으로 충분하다. 소녀들이 집을 떠날 때 필요한 것은 그들의 마음속에 하나님의 사랑을 품는 것이다.

그들이 돈을 버느냐 못 버느냐 하는 것은 사소한 문제다. 하나님과 교제를 나누는 데에 진정한 인생의 본질이 있다. 하나님 안에 있는 인생, 지극히 높으신 자를 아는 인생, 구원하는 천사(하나님)를 통한 인생, 이것이 진정한 인생이다.

야곱은 죽을 때까지 모든 환난으로부터 구원을 받았다. 늙은 나이로 인한 환난으로부터도 구원을 받았다. 그의 눈은 흐릿해졌다. 그러나 그것은 아무런 문제가 되지 않았다. 그의 믿음이 너무나도 분명했기 때문이다. 우리는 눈을 통해서가 아니라 영적인 인식을 통해서 하나님의 대한 환상이 주어지는 곳으로 가고 있다고 생각한다. 야곱에게서 이전보다도 오히려 늙었을 때에 그러한 것들이 더욱 밝아졌다. 그의 믿음과 사랑이 이전보다 더욱 강력하게 하나님을 이해하게 되었다. 그러므로 시력이 결코 그를 좌절시키지 못했다. 그는 그것을 더 이상 필요로 하지 않았다.

그는 쇠약해졌다. 왜냐하면 그는 단지 이 세상에서 필요한 것을 잃었을 뿐이며 보다 고귀한 상태에 적합한 것을 얻었기 때문이다. 그의 육체적 능력이 쇠퇴해질 때 그의 은혜적 능력은 성장했다. 그러므로 그는 자기 자식들에게 원하는 만큼 충분하게 축복해 주는 가운데서 자기 인생을 끝맺고 있다는 것을 느꼈다. 나도 모든 청년들에게 그런 축복을 해주기를 간절히 원한다! 전능하신 하나님이 당신에게 복을 주시기를! 이 땅의 능력들이 쇠퇴할 때 하늘의 은총이 그 자리를 채워주기를!

"내 조부 아브라함과 아버지 이삭이 섬기던 하나님"(창 48:15). 그는 마치 연필로 스케치하듯이 아브라함과 이삭의 인생을 스케치하고 있다. 그는 색칠은 하지 않았지만 그 개요는 완벽했다. 그 두 사람의 인생 전체를 단 몇 마디 말로 표현하고 있다. 그들은 다른 어떤 사람들보다도 하나님을 인식하고 하나님을 경배한 사람들이다. 그들에게 하나님은 실제적인 존재였다.

그들은 하나님과 더불어 말했으며 하나님께서는 그들과 더불어 말씀하셨다. 그들은 하나님의 친구였으며 하나님과 친밀하게 알고 지냈다. 그 어떤 불가지론도 그들의 이해력의 눈을 멀게 하지 못했으며 그들의 심장을 약화시키지도 못했다. 그들은 살아 계시고 진실하신 하나님을 경배하는 자들이었다. 그와 같은 아버지를 가진 자녀들은 얼마나 행복하겠는가? 그와 같은 아버지를 닮은 자녀들은 얼마나 더 행복하겠는가!

그들은 하나님을 인식했을 뿐만 아니라 일상 생활에서도 하나님을 소유했다. "네 조부 아브라함과 아버지 이삭이 섬기던 하나님"(창48:15)이라는 표현은 그가 일상 생활에서도 그들의 하나님이었음을 의미하고 있다.

그들은 기도할 때에 하나님 앞에 무릎을 꿇었을 뿐만 아니라 모든 일을 하나님 앞에서 행하였다. 그들이 장막에서 나올 때나 양무리에서 돌아올 때에도 하나님 앞에서 행했다. 그들은 결코 하나님을 섬기는 일을 중단하지 않았으며 하나님 없이 지내지 않았다. 하나님께서는 그들의 처소였다. 그들이 참나무 아래 있든지 우물곁에 있든지, 또는 나그네를 대접하든지 들판을 걸으며 명상하든지 그들은 하나님 안에서 살고 활동했다.

당신과 나도 이와 같은 모습으로 인생을 살아야 한다. 큰 저택에서 살든지 초라한 오두막집에서 살든지 하나님 앞에서 행한다면 우리는 행복하고 고귀한 삶을 살 수 있다. 우리의 청년들이 이러한 사실을 굳게 믿을 수 있기를 바란다!

그들은 하나님 앞에서 행했다. 즉 하나님의 계명에 순종했다. 하나님의 부르심을 들었으며 그분의 명령에 따랐다. 아브라함은 고향과 친척을 떠나 하나님께서 보여 주신 미지의 땅으로 갔다. 그는 지극히 사랑하던 아들을 데리고 가서 하나님의 명령에 따라 그를 희생의 제물로 바칠 준비를 했다.

이삭도 그것이 여호와의 뜻이라면 기꺼이 자신의 목숨을 내놓을 수 있었다. 그들에게 하나님의 뜻은 절대적인 것이었다. 그들에게 하나님은 곧 법이요 생명이었다. 왜냐하면 하나님을 사랑하고 두려워했기 때문이다. 그들은 하나님의 명령을 듣고 일찍 일어나 그것을 수행했다. 마치 하나님의 눈앞에서 행하는 것처럼 행동했다.

그들은 온전히 하나님을 믿었다. 이와 같은 의미에서 볼 때 그들은 항상 하나님을 바라보았다. 우리는 때때로 하나님의 발자취를 따라가는 것에 대해 말하고 있다. 그러나 우리가 하나님을 믿지 않는다면 그분의 발자취를 따라갈 수 없다. 그들은 믿었기 때문에 하나님의 발자취를 따라갔다. 위험하고 어려운 순례 가운데서도 그들은 완벽하게 안전했다. 왜냐하면 하나님께서 "나의 기름 부은 자에게 손을 대지 말며 나의 선지자를 해하지 말라"(대상 16:22)고 하셨기 때문이다.

그들은 하나님 앞에서 행했기 때문에 잔잔하고 평온했다. 그들은 하나님을 친구로 알았으며 하나님이 그들의 방패요, 지극히 큰 보상이라는 사실을 알았다. 이 세상의 것들에 대해서는 걱정하지 않았다. 왜냐하면 그들은 자족하신 하나님을 의지하고 살았기 때문이다. 그러므로 이 두 사람, 즉 아브라함과 이삭은 많은 시련을 당했을지라도 평화스러운 삶을 살았다. 그들이 이 땅에 체류하는 동안에도 하나님과 대화를 나눌수 있었다.

그들은 하나님의 은총을 누렸다. 그것은 하나님 앞에서 행함으로 말미암아 주어졌다. 하나님의 얼굴은 그들을 향하고 있었다. 하나님의 미소를 흠뻑 받았다. 하나님의 사랑이 그들의 진정한 보물이었다. 하나님께서는 모든 일에서 아브라함에게 복을 주셨다. 블레셋 사람들은 이삭에 대하여 "여호와께서

너와 함께 계심을 우리가 분명히 보았다"(창 26:28)라고 말했
다. 하나님이 그들의 재산이요, 그들의 힘이요, 그들의 기쁨이
었다. 그런 조상들을 가진 자손들은 얼마나 행복하겠는가! 만
일 그들이 조상들의 발자취를 따라갈 수 있다면 얼마나 더 행
복하겠는가!

야곱이 아브라함과 이삭에 대해 말했듯이 우리도 앞서가신
조상들에 대해서 그와 같이 말할 수 있다. 우리가 지금은 하늘
나라에 가 있는 경건한 조상들을 되돌아볼 때 그들과 동일한
인생길을 따라야 하겠다고 느낀다. 만일 그들이 여호와께 범
죄했다면, 마치 아브라함이 강 건너 편에 살고 있던 친척들을
버린 것처럼, 그들의 길을 버리는 것이 우리의 의무가 될 것이
다. 그러나 그들의 길이 올바른 것이었기 때문에 우리는 더욱
그것을 따라야만 한다. 그것은 훌륭한 옛길이며 경건한 조상
들이 밟았던 길이기 때문이다.

우리 조상들이 찬양한 것에는 어떤 매력이 있다. 가보家寶는
소중하다. 그러나 최고의 가보는 하나님을 아는 지식이다. 언
젠가 크리스천 형제와 대화를 나누고 있을 때 그는 자기가 알
바 공작Duke of Alva의 박해 기간 동안 네덜란드를 떠나온 가족
의 후손이라는 사실을 자랑스럽게 말했다. 그와 같은 혈통이

있는 그에게 형제애를 느꼈다. 나의 조상들은 피륙을 짜는 직공들이었다. 그러나 나는 황제의 피를 받은 후손이 되기보다는 믿음 때문에 고난을 받은 자의 후손이 되고 싶다. 그들의 조상들이 믿음 때문에 고난을 당한 청년들에게는 어떤 신성함이 있다.

애굽의 사교계와 그 부와 명예를 선택하지 말라. 이스라엘의 혈통을 지키고 에브라임과 므낫세처럼 야곱의 유산을 소유하라. 당신의 가정이 부자가 되었기 때문에 살아 계신 하나님으로부터 떠나게 되었다고 말하지 말라. 하나님의 선하심을 배교의 이유로 악용할 수 있겠는가?

조상들이 걸어간 거룩한 길은 당신에게도 어울리는 길이다. 외면적으로 볼 때 당신은 가정의 경건한 전통을 지키는 것 같다. 옛날에는 아들이 아버지의 직업을 물려받을 것을 기대했다. 비록 그것이 과거의 실수로 간주된다 해도 아들과 딸들이 그 부모들과 동일한 영적인 소명을 받는 것은 좋은 일이다.

은혜는 가족 단위로 주어지는 것은 아니다. 그러나 여호와께서는 수천 세대를 통해서 복 주시기를 기뻐하신다. 우리는 중생이 혈통이나 육체의 뜻이나 사람의 뜻으로 이루어진다고는 결코 믿지 않는다. 여기서는 하나님의 뜻이 절대적으로 지배하고 있다. 그러나 거룩한 충성이 조부로부터 아버지에게, 아버지로부터 아들에게 전수되는 것은 좋은 일이다. 내가 "나의 아버지 때부터" 하나님을 섬길 수 있었다면 좋겠다. 만일 아버지가 잘못되었다면 우리는 담대하게 그들에게 반대하고, 사람보다는 하나님께 순종해야 한다. 그러나 그들이 올바를 때 우리는 그들을 따라야만 한다.

나는 꿈속에서 사랑하는 할아버지의 무덤을 바라보았다. 그분이 54년 동안 같은 교회와 같은 사람들에게 봉사했다는 기록을 보고 힘을 얻었다. 그것을 기뻐했다. 만일 그분이 죽은 자 가운데서 살아날 수 있다면 자기 손자가 구식이면서도 많은 멸시를 받는 하나님의 은혜에 대한 칼빈주의적 교리를 설교하는 것을 볼 것이다. 그것은 살아 있을 때에는 그분의 기쁨이요, 죽었을 때는 그분의 위로일 것이다.

경건한 조상들은 청년들에게 책임을 지워 준다. 이 에브라임과 므낫세와 같은 사람들은 그들의 조상들이 하나님을 알았다는 사실을 인식하고 있다. 그리고 "그들은 왜 하나님을 알지 못하는가?"라는 질문이 제기된다.

사랑하는 젊은 친구들이여, 당신 조상들의 하나님께서는 당신의 하나님이시다. 당신의 조상들은 기도했다. 당신도 그들의 본을 따라야 한다. 시은좌에서 나오는 음성을 듣겠다는 소망을 가지라. 그들은 거기서 필요할 때마다 도움을 주는 은혜를 발견했다. 그들은 당신이 자기들을 대신할 것이라는 소망을 가지고 이 땅을 떠났다. 그들의 소망이 현실이 되어야 하지 않겠는가?

경건한 부모들을 천국으로 보내고도 그들 자신은 여전히 죄나 세속적인 길을 따라가고 있는 자들에게 말하고 싶다. 그 파일에는 당신 어머니의 기도가 기록되어 있다. 하나님께서는 아직도 그 기도를 듣고 계실 것이라 믿는다. 지금도 그 기도는 마치 산울타리처럼 당신을 둘러싸고 있으면서 당신이 지옥에 가는 것을 막아주고 있다.

당신은 아버지의 무덤 위에서도 파멸을 향하여 나아갈 것인가? 당신은 어머니의 호소를 필사적으로 물리치고 파멸로 향하는 끔찍한 길로 나아갈 것인가? 그렇다면 당신은 엄청난 죄를 저지르게 될 것이다. 당신을 축복으로 초대하는 사랑의 음성을 듣기를 간청한다!

경건한 조상들은 사람들에게 소망의 옷을 입혀 준다. 그는 다음과 같이 주장한다.

"하나님께서 나의 조상들에게 복을 주셨다면 나에게도 복

175

을 주지 않으실 이유가 무엇인가? 그들이 자비를 구해서 그것을 발견했다면 나도 그렇게 하지 못할 이유가 무엇인가?

나의 아버지와 어머니는 완전하지 못했다. 그것은 내가 완전하지 못한 것과 마찬가지다. 그러나 그들은 하나님을 믿었으며 하나님께서는 그들을 받아주시고 도움을 주셨다. 내가 하나님을 믿는다면 하나님께서는 나도 받아주시고 나에게 신실하실 것이다. 그들은 예수님의 보혈을 믿는 죄인으로서 구원을 받았다. 나도 구원을 받지 못할 이유가 무엇인가?"

당신이 이러한 논리를 시험해보기 바란다. 그러면 그것이 사실이라는 것을 발견할 것이다.

빈손으로 시작하는 젊은 일꾼 야곱

그가 요셉을 위하여 축복하여 이르되 내 조부 아브라
함과 아버지 이삭이 섬기던 하나님, 나의 출생으로부
터 지금까지 나를 기르신 하나님 나를 모든 환난에서
건지신 여호와의 사자께서 이 아이들에게 복을 주시오
며 이들로 내 이름과 내 조상 아브라함과 이삭의 이름
으로 칭하게 하시오며 이들로 세상에서 번식되게 하시
기를 원하나이다. (창 48:15-16)

야곱은 목자였다. 목자가 무엇을 하는지 알고 있었기 때문
에 그에 대한 비유는 많은 의미를 내포하고 있다. 야곱에게는
야곱다운 것이 많이 있었다. 그는 자신을 목양하려고 노력했
다. 그는 불쌍한 양이었다. 자기가 자신을 인도할 때에는 가시
밭길을 걸었다. 그리고 광야에서 방황했다. 그가 자기 자신에

게 목자가 되려고 했기 때문에 많은 어려움을 겪었다. 그러나 그의 고집에도 불구하고 언약적 하나님이 그를 길러주셨다. 그리고 그는 그것을 인정했다.

본문 말씀은 하나님께서 일생 동안 야곱을 기르셨다고 말씀한다. 그 의미를 생각해 볼 때 매일 생계비를 벌기 위해서 애쓰는 당신은 그 속에 들어 있는 아름다운 의미를 알 것이다. 야곱은 대가족을 거느리고 있었다. 그들을 먹여 살려야만 했다. 당신은 "부양 가족이 적은 사람에 대해서 말하는 것이 좋을 것"이라고 말한다. 그러나 나는 많은 양식을 필요로 하는 대가족을 거느리고 있는 사람에 대해서 말하는 것이 더 좋다. 야곱은 13명의 자녀들을 거느리고 있었다. 그러나 하나님께서는 그들에게 먹을 빵과 입을 옷을 공급해 주셨다. 그 대가족들 중에서 굶주린 사람은 아무도 없었다.

아마 당신은 야곱이 많은 부동산을 가지고 있었을 것이라고 생각할 것이다. 그가 인생을 시작했을 때에는 그렇지 않았다. 그는 단지 일꾼, 즉 목자에 지나지 않았다. 그가 아버지의 집을 떠났을 때 낙타와 장막을 돌보아 줄 하인도 없었다. 그는 손수건에 약간의 양식을 가지고 다녔다. 그가 그날 밤에 돌을 베개로 삼고 산을 울타리로 삼으며 하늘을 지붕으로 삼고 땅을 침대로 삼아 잠을 자려고 누웠을 때 강도를 당할까봐 두려워할 필요가 없었다. 하나님께서 그와 함께하셨다.

그는 빈손으로 인생을 시작했다. 나중에 그의 아버지 이삭으로부터 무엇을 받았든지 간에 처음에는 혼자서 싸워야만 했다. 그러나 그는 처음이나 끝이나 부족함을 몰랐다. 왜냐하면 그는 위대한 엘로힘(하나님)에 대해서 "나의 출생으로부터 지금까지 나를 기르신 하나님"(창 48:15)이라고 말할 수 있었기 때문이다. 우리들 중에서 많은 사람들도 그렇게 말할 수 있다.

매우 부유하게 된 사람을 알고 있다. 그는 기쁜 마음으로 나에게 자기의 마차를 보여 주곤 했다. 그는 사업을 시작할 때 그것으로 상품을 날랐다. 나는 그가 본래의 자신을 잊어버리지 않은 것을 보고 기뻐했다. "나의 재능과 근면으로 내가 얼마나 출세를 했는지 보라"고 말하지 말라. 그토록 교만하게 말하지 말라. 다만 "하나님께서 나를 기르셨다"라고 말하라. 하나님의 손에서 나온 자비를 볼 때에 더욱 아름답다.

그러나 하나님께서는 야곱을 기르셨을 뿐만 아니라 인도해 주셨다. 그것은 마치 목자가 앞서 가면서 양들을 인도하는 것과 같다. 그 당시 그의 여행은 이례적으로 길고 위험이 잦은 것이었다. 그는 자기 집에서 밧단아람으로 갔다. 수년 후에 그는 다시 가나안으로 되돌아왔다. 그리고 형 에서를 만났다. 그 후에 늙었을 때에는 애굽으로 여행했다.

야곱의 여행과 비교해 볼 때 오늘날 캘리포니아나 뉴질랜드로 가는 것은 아무것도 아니다. 그러나 그는 "하나님께서 일생 동안 나를 기르셨다"고 말했다. 그것은 인생이 크게 변화했음을 의미한다. 집에서나 타향에서나 가나안에서나 고센에서 하나님께서는 그의 목자가 되어 주셨다. 그는 방황할 때에도 자기에게 임한 하나님의 선하신 손길을 보았다.

이제 그는 자기 침상에 앉아서 그 아들들과 요셉을 축복하고 있다. 그가 이 청년들에게 세밀한 부분까지 축복해 준 것을 기쁘게 생각한다. 왜냐하면 그들은 하나님에 대한 충성심을 확인받는 것이 필요했기 때문이다. 그들은 매우 위험한 상황에 있었다. 왜냐하면 그들은 애굽의 상류사회에 들어갈 수 있는 기회가 있었으며 가난한 히브리 가족을 버리라는 유혹을 받았기 때문이다.

아버지가 멀리 떨어져 있으며 방종할 수 있는 기회가 많은 곳에서 인생을 시작하는 청년들은 시대의 유행과 경박함을 따르기가 쉽다. 오, 성령님께서 깨닫게 해주시기를 바란다!

당신의 조상들이 재산이 없는 상태에서 하나님을 필요로 했던 것만큼 재산을 가진 당신도 하나님을 원해야 한다. 당신이 하나님을 두려워하지 않고 죄에 빠진다면 당신의 모든 유산에도 불구하고 거지가 될 것이다. 오직 자신의 두뇌와 손만으로 인생을 시작했으면서도 조상의 하나님을 믿는 자들은 그 조상들과 같이 "일생 동안 나를 기르신 하나님"을 노래할 것이다.

인생을 시작하는 청년들이여, 먼저 하나님의 나라와 그의 의를 구하기를 부탁한다! 하나님 없이 사는 것은 사는 것이 아니다. 당신이 하나님의 임재를 놓쳐 버린다면 인생의 핵심, 정수, 면류관을 잃는 것이다. 하나님이 없다면 인생은 수고와 고난으로 이루어진 거품에 지나지 않는다. 하나님께 소망을 두지 않는다면 인생은 소망 없이 끝난다. 그러나 마치 목자가 양들과 함께하듯이 하나님이 당신과 함께하신다면, 하나님께서 당신을 돌보아 주시고, 지도해 주시고, 지켜 주시고, 먹여 주시고, 인도해 주신다면, 당신의 마지막은 끝없이 평화로울 것이다.

내가 구속적 자비에 관한 야곱의 말에 대해서 자세히 말하는 동안 인내심을 가지고 들어 보라. "나를 모든 환난에서 건지신 사자(천사)." 신비스러운 인격체가 있었는데 그분은 하나님이셨으며 하나님의 천사 또는 사자이기도 하셨다. 그는 이 천사를 엘로힘 하나님과 동격으로 보았다. 왜냐하면 이 천사는 하나님이셨기 때문이다. 그러나 그는 그의 구원자이셨다. 그는 하나님이 가까운 친척(고엘goel)의 역할을 하시는 것을 보았다. 그분은 비록 하나님이셨지만 그의 고엘이셨다. 그리고 그의 친척으로서 그의 구속에 영향을 주셨다.

야곱의 믿음은 욥의 경우처럼 그의 구속자가 살아 계심을 알 수 있게 해주었다. 이 언약적 사자가 자기를 모든 환난에서 건져주셨음을 알았다. 이 천사를 통해서 자신을 계시해 주신 여호와의 이름을 찬양했다. 그가 궁지에 몰렸을 때에는 이 천사가 항상 개입했다. 그는 자기 어머니의 영향력으로 나쁜 상황에 빠졌다. 그는 에서에게 심각한 잘못을 저질렀다. 그는 생명을 구하기 위해서 도망갔다.

그 당시 그와 하나님 사이에는 깊은 심연이 있었다. 그때 그 천사가 찾아와 사다리로 그 심연의 다리를 놓아주었다. 그것을 통해서 그는 하나님께로 올라갈 수 있었다. 그의 친척이 되시는 하나님께서 찾아오셔서 어떻게 그 심연을 건널 수 있는지 보여 주셨다. 그래서 그는 하나님께로 되돌아올 수 있었다.

그가 밧단아람에 있었을 때 그의 마음이 아주 깊이 가라앉기 시작했다. 그 동안에 그는 인색한 라반과 다투고 있었다.

그때 또다시 천사가 찾아와 "지금 일어나 이곳을 떠나서 네 출생지로 돌아가라"(창 31:13)고 말했다. 그 천사가 분노한 라반을 제지해 주었다. 그리고 에서가 불같이 화를 내면서 그를 만나러 왔을 때 천사가 특별히 야곱에게 나타났다. 사람의 모습을 한 천사는 야곱에게서 야곱다운 것을 이끌어내기 위하여 야곱과 더불어 씨름했다. 그리고 그를 이스라엘로 높여 주었다. 그날 밤 얍복 나루에서 그에게 이루어진 구속은 얼마나 놀라운 것이었던가!

야곱은 그 씨름 때문에 절뚝거리게 되었지만 이전보다 더 훌륭하게 하나님 앞에서 행했다. 바로 그 신비로운 인격체가 그에게 애굽으로 내려가라고 명령했다. 자기가 그와 함께 가리라고 약속해 주었다. 하나님의 천사가 야곱의 방패가 되어 모든 환난에서 그를 지켜 주었다. 야곱은 조상들의 자비, 개인적인 자비, 구속적 자비에 대해서 말했다. 지금은 미래의 자비에 대해서 말하면서 "이 아이(젊은이)에게 복을 주시오며"(창 48:16)라고 부르짖었다. 그는 요셉을 축복하면서 시작하여 그의 청년들에게 축복해 줌으로 끝을 맺고 있다.

오! 사랑하는 친구들이여, 하나님께서 당신에게 복을 주신다면 하나님께서 다른 사람들에게도 복을 주시기를 원하신다.

깊고 넓고 맑은 자비의 시냇물이 있다. 당신은 그것을 마시고 새 힘을 얻었다. 그러나 그것은 여전히 가득 차 있다. 그것은 계속해서 흘러내린다. 당신과 내가 우리 자신만 그것을 독차지하기 위해서 그 시냇물을 댐으로 막을 수 있다고 생각하는가? 그럴 수는 없다. 그것은 너무나 강하고 너무나 충만한 시냇물이다. 그것은 영원히 흘러내릴 것이다.

하나님께서 우리에게 복을 주셨다면 다른 사람들에게도 복을 주실 것이다. 불신자는 진정한 교회가 사라질 것이라고 속삭인다. 그 말을 믿지 말라. 하늘이 없어지기 전에는 그리스도께서 살아 계시며 그분의 교회도 그와 함께 살아 있을 것이다. 주님께서 "이는 내가 살아 있고 너희도 살아 있겠음이라"(요 14:19)고 말씀하지 않으셨는가?

당신은 말한다. "다음 세대는 과거와 같은 거룩한 사람들을 볼 수 없을 것이다." 그 이유가 무엇인가? 나는 다음 세대가 이 시대보다 훨씬 더 훌륭한 사람들을 보기를 소망한다. 그렇게 되기를 기도하라. 조상들 대신에 어린이들이 있다. 그들은 하나님 앞에서 왕자들이 될 것이다.

하나님의 은혜의 시냇물은 계속해서 흘러내린다. 그것은 아들 딸들에게 이어질 것이다! "청년들을 축복하라." 주일학교

교사들도 당신을 위해 기도해 주지 않는가? 하나님께서 청년들에게 복을 주시기를 기도하라. 왜냐하면 그분이 당신에게도 복을 주셨기 때문이다.

그 축복이 어떤 명확한 형태나 방식으로 찾아올 것이라고 말할 필요는 없다. 그것은 상상을 초월할 정도로 넓은 복을 내려주시는 손에 맡겨두자. 하나님께서 청년들에게 원하시는 대로 복을 주시기를 기원한다. 만일 그들이 하나님을 두려워하고 신뢰한다면 하나님께서는 우리 모두의 복이 되시고 다가올 모든 세대에게 복을 주실 것이다. 미래에 하나님의 일은 이 에브라임과 므낫세 같은 사람들이 할 것이다.

그러므로 특별히 강조적으로 "청년들에게 복을 주소서"라고 기도하자. 우리는 일하면서 "당신의 일을 당신의 종에게 나타내소서"라고 말하는 것으로 만족한다. 그러나 우리의 소망은 자녀들이 우리가 수고한 결과를 수확하는 것이다. 그러므로 우리는 "당신의 영광을 우리 자녀들에게 나타내소서"라는 말을 덧붙일 수 있다.

에섹스Essex에서 나는 나의 할아버지께서 오랫동안 설교하신 장소를 방문할 수 있는 기회를 가졌다. 거기서 어린 시절을 보냈다. 마치 꿈을 꾸는 듯이 걸어갔다. 모든 사람들이 나의 어린 시절의 사건들을 기억하는 것 같았다. 그것은 나에게 거룩한 사랑과 자비의 이야기를 상기시켜 주었다!

그 중에서도 특히 나에게 신성한 의미가 있는 장소에 앉았다. 할아버지의 정원에는 원뿔 모양으로 다듬어진 두 그루의 주목朱木이 서 있었다. 비록 옛 정원이 새로운 모습을 하고 있으며 옛 예배당은 사라지고 없을지라도 주목은 예전처럼 자라고 있었다. 오른쪽에 있는 정자에 앉았다. 그리고 수년 전에 있었던 일을 기억했다.

내가 할아버지와 함께 앉아 있었을 때 마을에서 닐Knill 씨가 설교하러 왔다. 그분은 피터스버그Pertersburg의 선교사였으며 능력 있는 복음 전도자였다. 런던 선교사협회를 위해서 설교하러 왔다가 토요일에 이곳을 방문했다. 그분은 위대한 영혼 구원자였다. 그분은 곧 나를 알아보았다. 나에게 "너는 어디서 잠을 자니? 아침에 너를 깨워 줄께"라고 말했다. 나는 그분에게 나의 작은 방을 보여 드렸다.

아침 여섯 시에 그분은 나를 깨웠다. 그리고 그 정자로 갔다. 거기서 다정스럽게 예수님의 사랑에 대해서 말해주었으며 어린 시절에 예수님을 믿고 사랑하는 것이 얼마나 큰 복인지를 말해주었다. 나에게 많은 이야기로 그리스도에 대해 알려

주었다. 그분에게 있어서 하나님이 얼마나 좋으신 분인지 말해주었다.

그분은 내가 하나님을 알고 섬길 수 있도록 기도해 주었다. 그 정자에서 무릎을 꿇고 내 목을 끌어안고 나를 위해 기도해 주었다. 내가 그 중간에 그분에게 집중하지 않으면 만족하지 못하는 것 같았다. 사랑과 인내심으로 나의 유치한 말을 들어 주었다. 그분은 월요일 아침에도 주일 날과 같이 행동했으며 화요일도 그렇게 했다. 세 번씩이나 나를 가르치고 나와 함께 기도했다. 그분이 떠나기 전에 나의 할아버지께서 설교하러 가신 곳에서 되돌아오셨다. 온 가족이 모여 아침 기도를 드렸다. 그때 모든 사람이 있는 가운데서 닐 씨는 나를 자기 무릎에 앉히고 다음과 같이 말했다.

"이 아이는 언젠가 복음을 전하게 될 것입니다. 이 아이는 수많은 사람들에게 복음을 전할 것입니다. 그는 내가 지금 사역하고 있는 로우랜드 힐Rowland Hill 예배당에서 설교할 것입니다."

그분은 매우 엄숙하게 말했다. 그리고 참석한 모든 사람들에게 자기 말의 증인이 되어달라고 요청했다. 그분은 내가 다음과 같은 찬송을 배운 보상으로 6펜스를 주었다.

"하나님께서는 신비스러운 방식으로 역사하시며
그의 놀라운 일들을 이행하시는도다."

나는 로우랜드 힐 예배당에서 설교할 때 그 찬송가를 부르
겠다고 약속했다. 어린이가 그런 약속을 한다고 생각해보라!
그것은 마치 꿈 같은 이야기가 아니겠는가? 그러나 세월은 흘
러갔다. 내가 런던에서 얼마 동안 설교한 후에 알렉산더 플레
처Alexander Fletcher 박사가 써리Surrey 예배당에서 어린이들에게
설교하기로 했다. 그러나 그가 갑자기 아파서 급히 나에게 설
교를 부탁했다. 나는 말했다.

"좋습니다. 만일 그 어린이들이 '하나님께서는 신비스러운
방식으로 역사하신다'라는 찬송을 부른다면 설교를 하겠습니
다. 나는 오래 전에 그 찬송을 부르겠다고 약속했습니다."

그리고 그렇게 했다. 나는 로우랜드 힐 예배당에서 설교를
했으며 그 찬송을 불렀다. 그 순간 나의 감정은 말로 표현할
수가 없었다. 그러나 그것은 닐 씨가 의도했던 예배당이 아니
었다. 우연찮게도 힐Hill 씨의 여름 별장지가 있었던 오톤 언더
에지의 목사가 그곳에서 설교해 달라고 나를 초대했다.

나는 교인들이 "하나님께서는 신비스러운 방식으로 역사하

신다"라는 찬송을 부른다는 조건으로 그곳에 갔다. 그리고 그
렇게 했다. 그 후에 나는 그 당시 체스터Chester에 있던 닐 씨
자신을 위하여 설교하러 갔다. 얼마나 반가운 만남이었겠는
가? 그는 극장에서 설교를 하고 있었다! 그것은 나에게서 세
속적인 건물에서 설교하는 것에 대한 두려움을 없애 주었다.
그래서 자유로운 마음으로 엑스터 홀Exeter Hall과 써리 뮤직 홀
Surrey Music Hall에서 집회를 할 수 있었다. 이것은 당신이 알고
있는 다른 극장 집회들과 많은 관련이 있다.

"하나님께서는 신비스러운 방식으로 역사하시며 그의 놀라
운 일들을 이행하시는도다." 주님께서 사랑과 친절을 베풀어
주신 40년 이상이라는 세월이 흐른 후에 나는 또다시 그 정자
에 앉았다! 모르는 사람이 듣기에 그것은 사소한 일에 지나지
않을 것이다. 그러나 나에게 그것은 놀라운 순간이었다.

스템번 미팅 하우스Stambourne Meeting-House의 현재 목사와 그
의 아들과 손자들을 포함한 모든 가족들이 그 정원에 있었다.
나는 그들을 그 정자로 불러모으지 않을 수 없었다. 하나님의
선하심을 찬양했다. 나에게 억제할 수 없는 충동이 일어났다.
그것은 내 주위에 둘러선 청년들에게 복을 달라고 하나님께
기도하는 것이었다. 나의 기억이 그런 기도를 하게 했다. 그들

이 성장했을 때 하나님의 선하심에 대한 나의 간증을 기억해 주기를 원했다. 그와 같은 이유로 청년들에게 그것을 말해주었다. 하나님께서 일생 동안 나에게 복을 주시고 모든 환난에서 지켜 주셨다. 나는 그분이 당신의 하나님이 되시기를 기도한다!

나는 특별히 경건한 부모를 모신 사람들에게 말하려고 한다. 그들의 발자취를 따르라고 간청한다. 그러면 언젠가 그들처럼 하나님에 대하여 말할 수 있을 것이다. "나를 사랑하는 자들이 나의 사랑을 입으며 나를 간절히 찾는 자가 나를 만날 것이니라"(잠 8:17)는 특별한 약속을 기억하라. 성령께서 당신을 인도하여 그분을 찾게 하기를 간절히 바란다. 그러면 당신도 야곱처럼 그분의 이름을 찬양하면서 살게 된다.

연약하면 아무 시련도 찾아오지 않는다

강한 청년들은 반드시 공격을 받는다. 이것은 하나님의 섭리의 법칙이다. 하나님께서 곡식 창고를 만드실 때는 그것이 필요하기 때문에 만드신다. 애굽의 곡식 창고들이 칠 년 동안 풍년이 들어 많은 곡식들로 가득 찼을 때 곧이어 칠 년 동안 기근이 닥쳐왔다. 사람이 강한 것은 그가 해야 할 어려운 일이 있기 때문이다.

이스라엘 백성들은, 벌레가 번식하여 고약한 냄새가 날까봐 만나를 다음날 아침까지 조금도 남겨두지 않았다. 그와 마찬가지로 크리스천도 매일 필요한 양 이상으로 은혜를 남겨두어서는 결코 안 된다. 만일 당신이 연약하다면 당신에게는 아무런 시련도 찾아오지 않는다. 그러나 당신이 강하다면 많은 어려운 시련들이 당신을 기다리고 있다고 생각해야만 한다. 믿음의 팔 속에 들어 있는 모든 근육들은 반드시 테스트를 받아야만 한다.

하나님의 병기고에서 나온 모든 무기는 전투를 위해서 사용한다. 그리스도의 군대는 결코 전쟁 놀이를 하는 것은 아니다. 그것은 화려한 군사 퍼레이드가 아니다. 그것은 지원하는 날부터 보상을 받는 날까지 어려운 싸움을 해야 한다는 것을 의미한다.

강한 젊은이는 과시하는데 소비할 힘이 없으며 덧없는 허영을 위해서 사용할 에너지가 없다. 강한 어깨에는 무거운 짐이 있으며 훈련받은 손은 격렬한 싸움을 해야 한다.

사탄이 이러한 계층의 사람들을 공격하는 이유는 무엇인가? 첫째, 사탄은 은혜에서 어린아이 수준에 있는 사람들은 결코 은혜 가운데 있다고 생각하지 않는다. 그러므로 사탄은 초보자들은 공격하지 않는다. 그러나 그들이 자기 자신을 알만큼 충분히 성장했을 때 사탄은 분노를 발한다. 사탄으로부터 완전히 피하려는 사람들은 있는 힘을 다해서 싸워야만 한다.

어떤 친구가 내게 편지를 썼는데, 사탄이 우리의 생각을 알고 있는지 물었다. 물론 사탄은 하나님만큼 알지 못한다. 사탄은 우리의 행동이나 말 또는 우리의 얼굴빛을 보고 우리의 생각을 재빨리 추측한다.

오직 하나님만이 사람의 생각을 즉시, 스스로 아신다. 사탄은 인간의 본성을 연구하는데 노련하다. 사탄은 거의 육천 년 동안 남자와 여자들을 관찰하고 시험했다. 그러므로 사탄은 교활함으로 가득 차 있다. 그러나 사탄이 모든 것을 다 아는 것은 아니다.

그래서 사탄은 어떤 사람이 은혜를 적게 갖고 있는지, 또는 전혀 은혜가 없는지를 추측한다. 사탄은 그런 사람은 홀로 있게 내버려둔다. 그러나 그 사람이 왕의 자손라는 사실이 분명해지면 마귀는 즉시 그에게 달려든다.

우리 주님이 아직 세상에 알려지지 않았을 때 나사렛에서 시험을 받으셨는지 어떤지는 알지 못한다. 그러나 주님이 세례를 받고 하나님의 성령이 그에게 임하는 순간 주님은 광야로 끌려나가 마귀의 시험을 받으셨다. 만일 당신이 하나님의 종이 된다면 전투가 끝났다고 생각하지 말라. 바로 그 순간부터 전투가 시작되기 때문이다.

당신은 이전에는 결코 알지 못했던 광야나 싸움터로 나아가야만 한다. 사탄은 은혜 안에 있는 청년들이 그의 나라에 큰 해를 끼칠 수 있다는 사실을 알고 있다. 그러므로 그는 일찍부터 그들을 죽이려 하는데, 그것은 마치 바로가 이스라엘의 모든 남자 어린아이들을 죽이려 했던 것과 같다. 당신은 사탄의 나라를 타도할 만큼 강하다. 그러므로 사탄이 당신을 타도하기를 원한다고 해서 놀랄 필요가 없다.

청년들은 어려운 일을 당하는 것이 좋다. 왜냐하면 그렇지 않으면 그들은 교만해지기 때문이다. 교만을 숨긴다는 것은 어려운 일이다. 힘과 용기와 인내력과 열정으로 가득 찬 사람들은 흉악한 자가 그들이 완벽하다고 속삭일 때 그의 말을 믿기 쉽다. 그러므로 흉악한 자의 덫을 피하기 위해서는 시련이 필요하다. 마치 집주인이 주전자와 솥을 깨끗이 씻기 위해서 파출부를 고용하듯이 하나님께서는 마귀를 사용하신다. 마귀는 성도를 시험한다. 따라서 성도는 자신의 내적 부패를 보고 더 이상 자랑할 수 없다.

마귀는 하나님의 사람을 파멸시킬 수 있을 것이라고 생각한다. 그러나 하나님께서는 시험이 신자의 영원한 유익을 위해서 기여하도록 만드신다. 자신이 탁월하다는 생각으로 부패해지기보다는 차라리 바알세불이 당신을 괴롭히는 것이 훨씬 더 낫다.

그 외에 이러한 젊은이가 교만의 희생 제물이 될 뿐만 아니라 그가 시험을 이겼을 때 하나님께 영광을 돌리지 못하게 된다. 욥이 시험을 당하기 전의 이야기를 읽어 보라. 당신은 "읽을 만한 이야기가 없다"라고 말한다. 사실 그렇다. 기록할 만한 가치가 없다. 단지 그의 양 떼와 소 떼가 계속적으로 늘어나고 또 다른 자식이 탄생했다는 이야기만 있을 뿐이다.

모든 일이 잘 되어 갈 때에는 국가에 대해서도 기록할 만한 역사가 없다. 신자에게서도 마찬가지다. 그러나 시련이 찾아왔을 때 남자는 남자의 구실을 하며 하나님을 위해서 용감하게 적에 대항한다. 나는 기록하라고 말하는 하늘의 음성을 듣는다.

이제 당신은 능력을 가질 것이다. 그 능력은 하나님을 영광스럽게 할 것이다. 그리스도 안에 있는 청년들은 싸움을 해야 한다. 그래야 당신의 아버지, 그들의 구원자 그리고 그들 안에 거하시는 성령님께 존귀와 영광을 돌릴 것이다. 그 외의 시련은 젊은이들의 미래를 위해서도 유익한 도움이 된다.

내가 체험한 이야기를 해볼까 한다. 내가 처음 그리스도를 영접했을 때 주님께 나아오기가 왜 그리도 어려웠는지, 왜 그리도 멀고 험한 길을 거쳐 주님을 찾아왔는지 의아스러웠다. 그런데 그 후 다른 사람들은 평온하게 주님을 믿는데 왜 나는 많은 신앙의 갈등을 겪어야 하는지를 또 알 수가 없었다.

그 당시 나는 목사가 될 줄 몰랐다. 풍랑 속에서 헤매이며 고통스러워하는 수백 수천 명의 영혼들을 돌보기 위한 준비를 하는 중이라는 사실을 전혀 몰랐다. 하지만 지금은 어려운 일을 겪고 있는 사람들이 그들의 처지를 이야기할 때 "저도 그런 적이 있었습니다"라고 이야기할 수 있게 되었다.

똑같은 일을 겪은 적이 있으니 제대로 도울 수 있다. 청년들은 젊은 시절 자신의 멍에를 메어보는 것이 좋다. 자신을 위해서 뿐 아니라 다른 사람들을 위해서도 강인한 사람이 되어야 한다. 그러면 먼 훗날 부모가 되어 자녀들에게도 도움을 줄 수 있다.

자신의 고난을 기꺼이 받아들이라. 그것도 감사하는 마음으로! 당신을 둘러싸고 벌어지고 있는 전투에 참여하도록 사명을 주신 왕께 감사하라. 피범벅이 된 옷들이 굴러 다니는 포화가 자욱한 곳에 발을 들여놓지 않는다면 결코 하나님의 군사가 될 수 없다. 힘겨운 작전에 참여해 싸워보지 않는다면 결코 베테랑 군사가 될 수 없다. 절망적인 희망의 문턱에 서본 사람만이 험난한 전투가 어떤 것인지 이야기할 수 있다.

자, 시련을 받아들이자. 대장이신 주님이 영광스럽지 못한 안락함의 구덩이에서 당신을 구해주시길 바란다. 시련을 통해 다른 사람들의 신뢰를 얻을 수 있는 사람이 되어야 한다. 그래서 싸움터로 나가는 동료들을 인도하고 격려할 수 있어야 한다.

여기에 세속적으로 물들고 오점 투성이가 되지 않도록 교회를 지키는 하늘나라 젊은 군사들이 많다. 주변을 배회하는 늑대들이 덤벼들지 못하도록 약한 자들을 지키고, 하나님의 교회에 숨어서 기다리는 거짓된 자들에게 속지 않도록 연약한 자들을 지키는 젊은이들이!

주님을 사랑하는 청년들이 하나님의 은혜 가운데 성장하여 강한 자들이 되기를 바란다. 바로 지금 당신이 필요하기 때문이다. 검과 방패를 들라. 그리고 앞을 바라보고 굳건히 서라! 주님이 당신의 손과 발을 붙들고 싸우는 법을 가르쳐 주실 것이다.

요즘처럼 악해진 세상에서 이스라엘을 지키는 결사대가 되어주기를 바란다. 가나안 족속, 히위 족속, 여부스 족속이 지금 우리 손에 있다. 전쟁에서 승리하는 것은 우리 몫이다. 그러니 이제 용감한 사람은 왕의 연(병거) 곁에 옹위하여 서고, 밤의 두려움을 인하여 각기 허리에 칼을 차게 하라.

"청년들아 내가 너희에게 쓴 것은 너희가 강하기"(요일 2:14) 때문이다. 그들은 흉악한 자를 이겼다. 그들은 분명히 강한 자들이었다. 흉악한 자를 이긴 자야말로 전쟁에서 승리한 자들이기 때문이다. 흉악한 자들은 도처에 많다.

하지만 진짜 흉악한 자라고 이름 붙일 만한 교활한 존재가 하나 있다. 그는 반란의 괴수요, 죄인 중에 으뜸이요, 죄인의 우두머리요, 죄인들을 미혹케하는 자다. 그가 바로 시온을 향해 가는 순례자들에게 공격을 퍼붓는 흉악한 자다. 한번이라도 그와 마주 서본 적이 있는 자라면 그 일을 결코 잊지 못할 것이다. 일단 전투가 벌어지면 승리한다 해도 그 흔적이 남게 되는 싸움이 벌어진다.

이 청년들은 어떤 의미에서 흉악한 자를 이겼는가? 그들은 마귀의 권세로부터 벗어났다. 과거에는 마귀의 종이었다. 그러나 지금은 그렇지 않다. 과거에는 마귀의 지붕 아래서 완벽한 평화 가운데 잠이 들었다. 그러나 양심이 표효하며 깨어났다. 하나님의 성령이 그들을 휘저었다. 그래서 그들은 마귀의 권세로부터 깨끗이 벗어났다.

과거에 사탄은 그들을 결코 괴롭히지 않았다. 그 이유는 무엇인가? 그들은 서로 좋은 친구들이었기 때문이다. 이제 마귀는 그들을 시험하고 그들을 걱정하게 만들며 그들을 공격한다. 왜냐하면 그들은 더 이상 자기를 섬기지 않고 새로운 주인을 섬기기 때문이다. 과거에 그들의 신이었던 자기가 적이 되었기 때문이다.

지금은 조금도, 머리끝부터 발끝까지, 마귀에게 결코 속하지 않았다고 기쁘게 말하는 많은 사람들을 만났다. 그리스도께서 자기의 보혈로 그들의 육과 영혼을 사주셨기 때문이다. 그들은 그런 사실을 인정했으며 이제는 그들 자신의 것도 아니고 마귀의 것도 아니라고 생각한다. 왜냐하면 그들은 값 주고 산 바 되었으며 그들을 사주신 분에게 속해 있기 때문이다. 강한 자가 보다 더 강한 자에 의해서 변화되었다.

예수님이 폭풍우로 마음의 요새를 휩쓸어 적을 쫓아내셨다. 이제 우리 마음속에 사탄이 존재하지 않는다. 사탄은 가룟 유다 속으로 들어갔다. 우리 속으로는 들어올 수 없다. 왜냐하면 우리의 영혼은 다른 분으로 가득 찼기 때문이다. 그분은 그 자신의 것을 지킬 수 있다. 흉악한 자는 거룩한 분에 의해서 추방되었다. 이제는 그분이 만유의 주로서 우리의 본성 안에 살면서 다스리신다.

이 청년들은 다음과 같은 점에서 흉악한 자를 이겼다. 즉 그들은 마귀의 권세에서 벗어나 그를 완전히 쫓아내 더 이상 그가 주인 노릇을 하지 못할 뿐만 아니라 그들이 그를 대적한다는 바로 그 사실로 그를 이겼다.

사람이 사탄에게 저항할 때 바로 그 저항 가운데서 사탄에 대하여 승리했다. 사탄의 제국은 우리의 뜻을 그의 뜻에 복종시키는데서 존재한다. 그러나 우리의 뜻이 그에게 반역할 때 이미 우리는 어느 정도 그를 이겼다. 그러나 때때로 우리는 행동으로 실천하기보다 마음만으로 그칠 때가 있다. 그것은 사도 바울이 말한 것과 같다. "원함은 내게 있으나 선을 행하는 것은 없노라"(롬 7:18).

그러나 죄로부터 깨끗해지겠다고 마음으로 원하는 것도 죄를 이기는 것이다. 그 의지가 점점 더 강해지고 흉악한 자의 시험에 저항하겠다고 더욱 굳게 결심할 때, 그 정도만큼, 우리는 죄와 사탄을 이긴 것이다.

이 얼마나 복된 일인가! 사탄에게는 방어할 무기가 없다는 사실을 반드시 기억하라. 우리가 저항할 때 사탄은 반드시 도망간다.

크리스천은 방어적인 무기뿐만 아니라 공격적인 무기도 있다. 그는 방패뿐만 아니라 칼도 있다. 그러나 사탄은 창만 가지고 있다. 그 외에는 아무것도 없다. 사탄이 방패를 가지고 있다는 말은 결코 읽은 적이 없다. 그러므로 우리가 사탄에게 저항할 때 그는 반드시 도망가야만 한다. 사탄은 자신을 방어하지 못한다. 그러므로 우리가 저항한다는 사실 그 자체가 승리이다.

오, 형제자매들이여, 그 외에도 그리스도 안에 있는 청년들은 사탄에 대하여 많은 승리를 거두었다. 우리는 무서운 시험을 당한 적이 없는가? 그러나 강력한 하나님의 은혜가 우리를 구해 주었다. 우리는 굴복하지 않았다. 당신은 바리새적인 자랑이 아니라 은혜로운 환희 가운데서 뒤돌아 볼 수 있지 않은가?

수많은 악한 습관들이 과거에 당신을 지배했으나 지금은 더 이상 당신의 주인이 아니다. 그것은 어려운 싸움이었다. 당신은 때때로 입술을 깨물며 굴복할까봐 두려워했다! 어떤 순간에는 발걸음이 떨어지지 않고 거의 미끄러질 뻔하기도 했다. 그러나 지금은 승리자가 되었다! 우리 주 예수 그리스도를 통해서 우리에게 승리를 가져다주신 하나님께 감사하라.

요한이 당신에게 다음과 같은 편지를 썼을 때 성령님이 당신에게 말씀하시는 것을 들어라. 당신이 흉악한 자를 이겼기 때문이다. "이 세상이나 이 세상에 있는 것들을 사랑하지 말라"(요일 2:15).

그리스도 예수 안에서 우리는 이미 흉악한 자를 완전히 이겼다. 우리가 싸워야만 했던 적을 정복했다. 우리 주님께서 그를 만나 파멸시키셨다. 사탄은 이제 그가 자랑하던 도끼를 가지고 있지 않다. 그것은 아무리 용감한 사람들이라도 그것이 마귀의 손에 들려진 것을 보았을 때 기죽게 만들었던 무서운 무기였다.

당신은 "그것은 무슨 무기인가?"라고 말한다. 그 무기는 죽음이다. 주님은 죽음의 권세를 가진 자, 즉 마귀를 타도하셨다. 그러므로 사탄은 더 이상 죽음의 권세를 갖고 있지 않다. 이제 죽음과 지옥의 열쇠는 그리스도의 허리띠에 있다.

아, 마귀여, 예수를 믿는 우리는 너를 이길 것이다. 왜냐하면 우리 주님이 너를 이기셨기 때문이다! 너희 머리에 난 상처는 결코 숨길 수 없다! 너희 왕관은 산산조각이 났다! 오, 용아, 주님께서 너에게 상처를 입히셨다. 그리고 너의 치명적인 상처는 결코 치유될 수 없다!

우리는 너에 대해서 불굴의 용기를 가지고 있다. 왜냐하면 우리는 주님의 약속을 믿기 때문이다. 즉 주님은 곧 우리로 하여금 사탄을 밟아 상처를 내게 해주실 것이다. 네가 십자가에 못박히신 발밑에서 상처를 입었듯이 그의 모든 후사의 발밑에서도 상처를 입을 것이다. 그래서 너는 완전히 타도되고 모욕을 당할 것이다.

우리는 용기를 가지고 믿음 안에 굳게 거하자. 우리는 주 예수 안에서 흉악한 자를 이겼기 때문이다. 우리는 우리를 사랑하신 그분을 통해서 정복자가 되었다.

오늘 반드시 누군가를 섬겨야 한다

여호와여 나는 진실로 주의 종이요 주의 여종의 아들
곧 주의 종이라 주께서 나의 결박을 푸셨나이다
(시116:16)

젊은 사람이 인생을 시작할 때 나이 든 사람에게 이런 질문하는 경향이 있다.

"나는 이런 사업을 하고 싶습니다. 이것이 좋은 사업입니까? 당신은 수년 동안 이 사업을 하셨습니다. 이것을 해보니어떻습니까?"

그는 이 사업에 대하여 충고해 줄 친구를 찾는다. 어떤 사람은 그에게 이 사업은 사양길에 있으니 해봤자 별로 소용이 없을 것이라고 경고한다. 또 다른 사람들은 그들의 사업이 매우 힘들기 때문에 그만 둘 수만 있다면 그렇게 하고 싶다고 말한다.

그 반면에 또 다른 사람들은 자기 일에 대해서 다음과 같이 얘기한다. "이 사업은 매우 좋은 사업이다. 나는 내가 건너는 다리에 대해서 좋게 말하고 싶다. 나는 이것으로 생활비를 벌 수 있었다. 이 사업을 한번 해보라고 권하고 싶다."

내 자신의 경험을 말하겠다. 나는 주님께 봉사하는 일에 대해서 말하고 싶은데, 이 일에 대해서 결코 후회해 본 적이 없다. 내가 그리스도의 제복을 입고 그분의 종이 된 이후로, 비록 예수님을 믿는 신앙에 어떤 잘못된 점이 있었다 해도, 이 일의 나쁜 점을 발견한 적은 결코 없었다. 때때로 실수도 있고 망상에 빠진 때도 있었다. 그러나 실제로 후회해 본 적은 결코 없었다.

내가 해온 많은 일들을 후회했다. 그러나 내가 마음을 그리스도께 바치고 주님의 종이 된 것에 대해서는 결코 후회하지 않았다. 내가 깊은 우울증에 빠졌을 때는 이것도 두려워하고 저것도 두려워했다. 그러나 주님의 선하심과 그분의 가르침의 진실과 그분의 봉사의 탁월성에 대해서는 결코 의심하지 않았다. 결코 사탄과 죄를 섬기고 싶지 않았다.

우리가 고국을 생각할 때에는 되돌아가고 싶은 적이 많이 있다. 모든 종류의 유혹이 나를 공격했다. 사이렌(아름다운 노래로 근처를 지나가는 사공들을 유혹하여 파선시켰다는 바다의 요정–역주)의 목소리가 나를 유혹하여 파선시키려 했다.

그러나 내가 그리스도께 봉사하기로 결심한 날 이후로 나 자신에게 "나는 크리스천이 된 것을 후회한다. 나는 주님께 봉사하는 것이 귀찮다"라고 말한 적이 결코 없었다. 그러므로 나는 당신에게 그토록 좋은 봉사를 정직하게, 진심으로, 경험 상 권한다.

나는 나쁜 종이었다. 그러나 그토록 사랑스러운 주인을 모시고 그토록 복된 봉사를 한 종은 결코 없었다. 다음과 같은 개인적인 간증을 하려고 한다.

하나님께 봉사하는 것은 너무나도 복된 일이다. 나는 이 일을 하다가 죽고 싶다. 육체적인 고통 때문에 설교할 수 없었을 때에는 펜을 들어 글을 썼으며 예수님을 위하여 책을 만드는 일에서 큰 기쁨을 발견했다.

나의 손이 펜을 들 힘조차 없을 때 다른 사람들에게 주님에 대하여 말하기를 원했다. 또 그렇게 하려고 노력했다.

데이빗 브라이너드를 기억한다. 그가 병이 들어 인디언들에게 설교할 수 없었을 때 침대에 앉아서 인디언 소년들에게 글자를 가르쳐 성경을 읽을 수 있게 해주었다. 그는 "만일 내가 하나님께 어떤 식으로 봉사할 수 없다면 다른 방식으로 봉사할 것이다. 나는 이 복된 봉사를 절대로 중단하지 않을 것이다"라고 말했다.

이것이 나의 개인적이 결심이다. 진실로 거기에 나의 공로는 없다. 주님께 봉사하는 것이 기쁨일 뿐이다. 우리의 아버지가 되시고 친구가 되시는 주님을 위하여 어떤 일을 한다는 것은 큰 기쁨이다. 그래서 당신 자신의 유익을 위해서 하나님께 봉사하라고 권장한다.

하나님께 봉사하는 것은 세상에서 가장 합리적인 일이다. 당신을 만드신 분은 바로 하나님이시다. 당신의 창조주를 위하여 봉사해야 하지 않겠는가? 당신이 존재할 수 있도록 지원해 주신 분이 바로 하나님이시다. 그러한 존재가 그분의 영광을 위하여 봉사해야 마땅하지 않겠는가?

당신에게 소나 개가 있다면, 그런데 그것이 당신에게 아무런 봉사도 하지 않는다면 얼마나 오랫동안 키울 수 있겠는가?

만일 그것이 개라면, 그런데 그 개가 당신에게 결코 꼬리를 치지 않고 다른 사람의 뒤만 따라다니면서 당신은 아는 체도 하지 않는다면, 그리고 당신을 주인으로 인정하지 않는다면 당신은 금방 그 개에 대해서 실증을 느끼지 않겠는가?

어떤 엔진이나 기계장치가 당신에게 도움이 될 것이라고 생각하지 않는다면 누가 그런 것을 만들겠는가? 하나님께서 당신을 만드셨다. 육신은 초정밀하고 신비하고 놀라운 조직으로 만들어진 창조물이며 영혼은 기묘하다. 그런데도 불구하고 육신으로 하나님께 순종하고 정신으로 하나님을 생각하지 않을 것인가?

여호와께서 다음과 같이 한탄하셨다. "소는 그 임자를 알고 나귀는 주인의 구유를 알건마는 이스라엘은 알지 못하고 나의 백성은 깨닫지 못하는도다"(사 1:3).

하나님 없이 120년을 산다는 것은 엄청난 죄악이다. 어떻게 그렇게 살 수 있겠는가? 30년이나 40년을 살면서도 당신의 코에 호흡을 불어 넣어 주신 하나님을 결코 존경하지 않는다는 것은(만일 호흡이 없다면 당신은 벌써 오래 전에 시체가 되어 무덤 속으로 들어갔을 것이다) 비열하고도 불의한 일이다.

어떻게 감히 그런 상태로 계속 살 수 있겠는가? 오래 살면서도 하나님을 모독하는 것, 하나님에 대해서 나쁘게 말하는 것, 그분이 주신 시간을 더럽히는 것, 그분의 책을 무시하는 것, 그분의 사랑하는 아들에게 등을 돌리는 것, 그것으로 충분하지 않는가? 당신은 그런 악한 길을 중단할 수 없는가?

어떤 사람들은 단 5분 동안, 아니 단 5초 동안 분노의 자극을 줘도 참지 못한다. 그들에게는 "욕이냐, 주먹이냐"이다. 그러나 자주 주먹이 먼저 나온다. 그러나 하나님께서는 20년, 30년, 40년, 50년 동안 자극을 받으셨다. 그러나 하나님께서는 아직도 우리에 대해서 인내심을 발휘하신다.

이제 우리가 하나님께 봉사해야 할 시간이 아닌가? 하나님이 우리를 만드셨다면, 하나님이 우리를 구속하셨다면, 하나님이 우리를 지켜 주셨다면, 우리가 그분의 종이 되는 것은 당연한 일이다. 이것은 가장 존귀한 봉사이다.

당신은 "주여, 나는 당신의 종입니다"라고 말했는가? 나는 어떤 밝은 영이 마치 번갯불처럼 하늘에서 내려오는 것을 본다. 그리고 나의 상상력은 그 존재를 인식한다. 그는 살아 있는 불꽃처럼 서 있다. 그것은 보좌에서 내려온 스랍(천사들 중 가장 높은 위치를 차지함-역주) 이다. 그가 무엇이라고 말하는가?

"오, 주여. 나는 당신의 종입니다."

당신은 이런 무리 속에 들어가는 것이 기쁘지 않는가? 그룹과 스랍들이 하나님의 종이 되는 것을 영광으로 생각하는 데도 불구하고 어떻게 우리와 같은 사람이 그것을 하찮은 일로 생각할 수 있는가?

왕자나 황제라도, 만일 그가 하나님을 거역하는 죄인이라면, 가난과 수고 가운데서 주님께 봉사하는 진정한 귀족과 비교해 볼 때, 그는 부엌데기에 지나지 않는다. 이것은 하늘 아래에서 가장 고상한 봉사이다. 그 어떤 고관 대작의 영예도 그것과 비교할 수 없다.

가터의 기사Knights of the Garter도, 우리의 주님이시며 구세주이신 예수 그리스도께서 나타나시는 날에 하나님께서 그의 종이라 부르시는 사람과 비교해볼 때 그들의 영광은 무색해질 것이다.

젊은 친구들이여, 당신이 하나님의 종이라면 당신은 큰 회사에 다니고 있는 것과 같다. 그리고 이 봉사는 선행으로 가득차 있다. 내가 어떤 사업을 해야 한다면 누구에게도 해가 되지 않고 많은 사람들에게 좋은 일을 하는데 시간과 힘을 투자하고 싶다.

하여튼 나는 치명적인 무기나 저주받은 술을 취급하고 싶지는 않다. 그런 것을 팔아 생계비를 버느니 차라리 굶어 죽고 싶다. 그것은 인간을 비열하게 만들며 짐승 이하의 수준으로 떨어지게 만든다. 젊은이가 자기 자신에게도 좋고 또 그와 동시에 다른 사람들에게도 좋은 일을 하는 직업을 가질 수 있다면 그것은 아주 좋은 일이다.

가난하여 바느질 품삯을 파는 여인에게 갈취하거나 종업원들의 임금을 아낌으로써 부자가 되는 것이 아니라, 자기들과 함께 다른 사람들도 높여 주고 자기들이 발전할 때 고용인들도 발전하게 해주는 것은 좋은 일이다. 그것이야말로 이 땅에서 살아갈 만한 가치가 있는 어떤 것이다.

하나님의 종은 항상 좋은 일을 하고 있다. 왜냐하면 하나님께 봉사하는 일은 어느 한 부분도 다른 사람에게 해가 되지 않기 때문이다. 주님께 봉사하는 것은 매우 좋은 일이다. 그것은 자신을 위해서도 좋은 일이며 다른 사람들을 위해서도 좋은 일이다.

하나님께서는 자기에게 봉사하는 일 가운데서 우리가 마음을 다하여 하나님을 사랑하고 또 이웃을 내 몸과 같이 사랑할 것을 요구하시기 때문이다. 이런 일을 하는 사람은 성령님의 도우심으로 진정으로 하나님께 봉사하고 있다. 그는 또한 사람들에게도 큰 복이 된다. 그것은 매우 선한 일이다. 그러므로 그것을 당신에게 권한다. 그것의 합리성, 그것의 존귀함, 그것의 선행 때문이다. 그것은 하늘 아래에서 가장 수지 맞는 일이다.

어떤 사람은 "오늘날에는 그렇지 않습니다"라고 말한다. 그러나 나는 감히 "오늘날에도 항상 그렇다"라고 말하고 싶다. 하나님께 봉사하는 것은 지금도 여전히 수지 맞는 일이다. 어떻게 해서 그러한가? 수전노들이 생각하는 것처럼 금전상으로는 확실히 그렇지 못하다.

그러나 선한 양심은 금보다 더 좋다. 당신이 선을 행한다는 것은 부자가 되거나 유명해지는 것보다 더욱 아름다운 일이다. 우리는 이 세상 대부분의 것들이 술잔 위에 뜬 거품과 같아서 길이 보전되기보다는 쉽게 날아가 버린다는 사실을 알만큼 충분히 오랫동안 살지 않았는가?

인생의 기쁨은 자기 자신과 이웃과 하나님에 대하여 올바른 자세를 갖는 것이다. 하나님에 대하여 올바른 자세를 가진 사람은 무엇을 더 바라겠는가? 하나님을 위하여 고난을 당한 사람은 마음의 평화로 보상을 받는다.

스위스에 어떤 순교자가 있었는데 그는 장작더미 위에 맨발로 서서 곧 불에 타 죽게 되었다. 그에게는 아무런 기쁨도 없었다. 그런데 그가 자기의 사형집행을 감독하는 감독관에게 말을 걸며 자기에게 가까이 다가오라고 요구했다. 그리고 이렇게 말했다.

"괜찮으시다면 내 가슴에 손을 얹어 보십시오. 나는 곧 불에 타 죽을 것입니다. 만일 심장이 평소보다 빨리 뛴다면 나의 신앙은 진짜가 아닐 것입니다."

감독관은 두려워 떨면서 뛰는 가슴을 진정시키며 순교자의 가슴에 손을 얹었다. 그런데 마치 그가 화염 속이 아니라 침대로 가는 것처럼 고요한 것을 느꼈다. 이것은 위대한 일이다! 단춧구멍에 편안한 마음이라 불려지는 작은 꽃을 꽂는다는 것, 가슴에 만족이라는 보석을 갖는다는 것, 이것은 이 땅에서 시작된 천국이다.

경건은 이것을 소유한 사람에게는 큰 소득이다. 우리가 이 세상에서 얻을 수 있는 것은 모두 다 하찮은 것이라고 생각한다. 왜냐하면 빠른 시일 내에 우리는 그것을 버려야만 하며 그것이 우리를 버려야만 하기 때문이다.

청년들이여, 순식간에 당신의 머리칼은 하얗게 변한다. 인생은 얼마나 짧은가! 시간은 얼마나 빨리 지나가는가! 나이가 많아지면 많아질수록 세월은 더 빨리 지나간다. 내가 영원히 소유할 수 있는 것, 오직 그것만이 소유할 만한 가치가 있다. 죽음이 내 손에서 빼앗아갈 수 없는 것, 그것만이 오직 내가 움켜잡을 만한 가치가 있다. 하나님의 종이 된 것에 대한 보상은 내세에 주어진다.

청년들이여, 하나님께 봉사하다가 그리스도를 위하여 이 땅에서 손해를 본다 해도 당신은 그것들을 "잠시 동안에 있을 가벼운 고난"이라고 생각하라. 미래에 나타날 영광과 비교해 볼 때 그것들은 아무런 가치가 없다고 생각하라. 죽은 자의 부활이 있다. 미래의 심판이 있다. 영원한 생명이 있다. 말할 수 없이 찬란한 천국이 있다. 그 천국에는 살아 계신 하나님의 진실한 종이 된 자들을 위한 처소가 예비되어 있다.

어떤 사람은 "나는 종이 되기를 원하지 않습니다"라고 말한다. 나의 친구여, 그럴 수는 없다. 당신은 누군가의 종이 되어야만 한다. "그러면 나 자신을 섬기겠습니다." 용감한 친구여, 만일 내가 당신의 귀에다가, 당신이 자신을 섬긴다면 바보를 섬기게 될 것이라고 속삭인다 해도 내 말을 용서하라. 자기 자신의 종이 된 사람은 노예 중의 노예이다. 노예 중의 노예보다 더 비천한 신분은 상상도 할 수 없다.

당신은 반드시 누군가를 섬기게 될 것이다. 만일 당신이 안좋은 사람들이 선택하는 주인을 섬긴다면 당신도 역시 수갑을 차게 될 것이다. 이 도시를 바라보라. 이 도시는 자유로운 사람들로 가득 차 있다. 그들이 진정한 자유를 아는가? "자유로운 사상가들"로 가득 찬 이 도시를 보라. 수갑을 차고 있으면서도 자기를 자유로운 사상가라고 부르는 사람이 있는가?

성경을 믿지 않는 사람만큼 속기 쉬운 사람이 있는가? 그는 수많은 어려움을 삼키면서도 우리가 1온스(28g)의 어려움을 삼킨다고 불평을 한다. 그는 우리가 가지고 있는 것과 같은 믿음을 더욱 필요로 한다. 왜냐하면 의심은 믿음보다 훨씬 더 어려운 문제를 가지고 있기 때문이다.

자유롭게 생활하는 자를 보라. 그의 인생은 얼마나 큰 속박인가! 독한 술의 종이 된 자가 아니면 그 누가 고뇌하며 그 누가 눈이 빨갛게 충혈되는가? 열정의 노예가 된 사람이 아니면 누가 그 뼈가 썩는 고통을 당하겠는가?

스페인의 노예 선에서 노를 젓는 비참한 노예가 있다. 태양 아래에는 구속된 많은 사람들이 있다. 그러나 오늘밤도 마치 도살장에 끌려가는 황소처럼 정욕에 끌려가고, 저주를 향해서 나아가며, 육신의 파멸을 향해서 나아가, 스스로 그 자신의 정열의 희생 제물이 되는 사람에 비하면 그것은 아무것도 아니다.

내가 종이 되어야 한다면 터키인이나 야만인의 종이 될지라도 절대로 나 자신의 종이 되지는 않겠다. 왜냐하면 그것은 가장 깊은 심연이기 때문이다.

당신은 누군가의 종이 되어야만 한다. 종이 되지 않고서는 이 세상을 살아갈 수 없다. 당신이 자신의 종이 된다면 당신의 속박은 끔찍할 것이다.

오늘 당신이 섬길 사람을 선택하라. 왜냐하면 당신은 반드시 누군가를 섬겨야 하기 때문이다. 귀족이든 빈민이든 백만장자든 거지든 간에 모든 사람들은 자기의 일을 가지고 있어야 한다. 최고 통치자들은 모든 종들 중에서 가장 힘든 종이다. 사람이 높이 올라가면 올라갈수록 그들은 다른 사람들을 더 섬겨야 한다. 당신은 반드시 누군가를 섬겨야만 한다.

오, 하나님을 섬기는 일을 하라! 거기에는 여유가 있다. 다른 장소들은 사람들로 차고 넘친다. 수많은 청년들이 이 가게 저 가게들을 돌아다니면서 생계비를 벌 수 있는 기회를 달라고 구걸한다. 많은 경우에 그들의 구걸이 허사가 되기 때문에 한스럽다. 어떤 사람들은 신발을 벗고 무슨 일이든 하려고 노력한다.

당신은 자신이 원하는 일자리를 구하기를 간절히 바란다! 그러나 하나님을 섬기는 일에는 여유가 있다. 하나님은 기꺼이 당신을 받아 주신다. 당신이 하나님을 섬기는 일을 시작한다면 그분께서 인생에서 해야만 하는 모든 일들 속에 당신을 도와주신다.

사람들은 크리스천을 바보라고 말한다. 아! 교만한 적대자들이여, 비록 우리가 당신에게 같은 말을 하지 않을지라도 사실상 우리도 당신을 그렇게 생각한다. 예수를 믿는 사람들 중에서 많은 사람들을 바보처럼 대했다가는 매우 위험하다. 왜냐하면 그런 사람들을 그런 식으로 대하는 사람은 자기가 큰 실수를 했다는 사실을 발견할 것이기 때문이다. 바보라고 불려지는 사람들이 모두 다 바보는 아니다. 오히려 바보라고 말하는 사람이 바보일 때도 있다.

나는 크리스천이 되고 나서 모든 면에서 더욱 좋아진 사람들을 좋아한다. 크리스천은 보다 훌륭한 종이 되어야 하며 보다 훌륭한 주인이 되어야 한다. 크리스천은 더욱 훌륭한 상인이 되어야 하며 더욱 훌륭한 예술가가 되어야 한다. 분명히,

지성소로 나아가는 시인보다 더 훌륭한 시를 쓰는 시인은 없을 것이다. 아마 지금도 밀턴(John Milton 1608-74 영국 시인. 인간의 타락을 주제로 한 기독교 서사시 '실락원'과 같은 작품을 씀) 혼자 그 앞에 앉아있을지 모른다.

위대한 행위가 이루어진 잊지못할 장면들을 영원히 남기려 최선을 다해 그림을 그리는 화가만큼 훌륭한 화가는 없을 것이다. 그러니 이제 당신도 하나님을 섬기는 종이 됨으로 인해 당신이 할 수 있는 일을 더 훌륭하게 할 수 있다.

일할 수 있는 시간

또 제삼시에 나가 보니 장터에 놀고 서 있는 사람들이
또 있는지라 그들에게 이르되 너희도 포도원에 들어가
라 내가 너희에게 상당하게 주리라 하니 그들이 가고
(마 20:3, 4)

모든 진리를 가르쳐 주는 비유는 없다. 모든 방면에 적용되
는 비유를 만들려고 시도하는 것은 잘못이다. 이것은 어떤 한
가지 교훈을 전달하기 위한 것이다. 만일 이것이 어떤 진리를
가르쳐 준다면 이것으로부터 다른 것을 이끌어내려고 시도하
지 말아야 한다.

이 비유는 위대하신 하나님을, 일할 사람을 찾기 위해서 밖

으로 나가는 집주인으로 묘사하고 있다. 그러나 하나님께서 우리를 필요로 하신다고 생각해서는 안 된다.

하나님은 천사의 날개가 공중을 날고, 시간이 존재하기 오래 전부터 완전하셨다. 완전히 행복하고 완전히 영광스러우셨다. 하나님께서는 과거뿐만 아니라 지금도 여전히 독립적이시고 자족하신 분이다. 하나님께서 어떤 피조물을 만들거나 또는 자기가 만든 피조물을 보호하고 사용하신다면, 이는 그분이 그들을 필요로 하기 때문이 아니다. 하나님께서는 그들에게 조금도 의지하지 않으신다.

만일 하나님께서 놀라운 은혜 가운데 우리를 부르셔서 그의 포도원에서 일하게 하신다면, 이것은 그분이 우리를 필요로 하기 때문이 아니라 우리가 그분을 필요로 하기 때문이다. 하나님께서 일꾼들이 필요로 하기 때문이 아니라 우리가 일을 필요로 하기 때문에 우리로 하여금 일하게 하신다. 하나님께서 우리를 요구하시기 때문이 아니라 우리가 부르심을 필요로 하기 때문에 하나님께서 우리를 부르신다.

이 비유에서 언급된 여러 종류의 사람들 중에서 아침 일찍뿐만 아니라 저녁 늦게도 자발적으로 집주인에게 고용되기 원해서 포도원에 간 사람은 아무도 없었다. 집주인은 장터에 나가서 사람들을 고용하려고 했다. 제삼시(오전 9시), 육시, 구시 (오후 3시)에도 아무도 자유 의지로 오지 않았다. 모든 경우에 서 오히려 주인이 먼저 제안을 했다. "품꾼을 얻어 포도원에 들여보내려고" 그리고 제십일시(오후 5시), 하루가 거의 끝날 무렵, 해가 거의 질 때가 되어서도 사람들은 그날을 올바른 일 을 하면서 끝마치기를 원하지 않았다.

그들은 하루종일 그랬듯이 장터에서 게으름을 피우고 있었 다. 그러자 관대한 집주인이 찾아와 그들을 타이르며 포도원 에 가서 일하라고 말했다. 하나님께서 먼저 사람에게 찾아오 기 전에는 아무도 하나님께 나아갈 수 없다. 그래서 많은 사람 들이 마음으로 하나님의 은혜를 느낄 수 있기를 간절히 바란 다.

하나님께서는 사람들의 판단력, 이해력, 감정, 두려움, 소 망, 의지에 대해서 작용하신다. 그리고 성령께서 사람들에게 역사하실 때 그들로 하여금 하나님의 권능의 날에 자발적인 마음을 갖게 해 주신다. 그래서 그들은 하나님께로 돌아서서 그분을 위하여 일하기 시작한다. 바로 그것이 하나님께서 우 리를 찾기 위하여 밖으로 나가셨다는 말의 첫 번째 의미라고 생각한다.

하나님께서는 대부분의 사람들을 찾으러 나가신 시간이 있다. 즉 그들이 특별히 거룩한 일을 향하여 나아갈 때이다. 어떤 사람들에게는 어린 시절에 그런 일이 일어난다.

그들이 아직 어렸을 때에 마치 하나님께서 사무엘에게 말씀하셨듯이 그들에게도 말씀하신다. 밤에 작은 침대에 있을 때 하나님께서 그들에게 나타나셔서 "사무엘아! 사무엘아!"라고 말씀하신다. 그러면 그들은 "당신이 나를 부르셨기로 내가 여기 있나이다"(삼상 3:6)라고 대답한다.

다른 사람들에게는 하나님께서 조금 늦게 찾아오신다. 그것은 제이 시인데 그들이 한창 젊을 때이다. 우리가 젊은이였을 때 하나님께서 우리를 부르신 것은 큰 특권이다. 하나님께서 그토록 중요한 시기에 우리에게 찾아오신 것은 큰 복이다.

또 다른 사람들에게는 그들이 약간 나이가 들었을 때 하나님이 그들에게 나타나셨다. 하나님을 찬양하라. 하나님께서는 어떤 사람들에게는, 날이 거의 저물어 갈 때, 이마에 근심의 주름이 패이고 머리에 나이의 눈이 하얗게 내릴 때 찾아오신다.

하나님께서는 능력으로, 성령님의 효과적인 부르심으로 찾아오신다. 그리고 그들에게 말씀하신다. 그들은 그분의 말씀에 복종하고 나머지 인생 동안 자신을 드려 그분의 종이 된다.

나는 젊어서 많은 훌륭한 설교들을 듣거나 읽었다. 아침 일찍이 하나님을 부르심을 받은 사람들에게 하는 설교도 들었다. 십일시에 도달한 사람들에게 하는 설교들도 많이 있다는 사실을 안다. 그래서 나는 특별히 제삼시에 도달한 사람들에게 전하고 싶다.

제삼시(오전 9시)에 도달한 사람들은 어떤 사람들인가? 제삼시란 무엇인가? 잠깐 계산해보자. 유대인들에게서 여름이나 겨울이나 항상 하루는 열두 시간이었다. 따라서 그 시간은 매일 변했다. 시간을 계산하는 방법이 매우 어려웠다. 낮의 길이가 길든지 짧든지 간에 그들은 하루를 열두 시간으로 나누었다. 이제 인생을 열두 시간으로 나누어서 생각해보자. 그리고 각각의 시간이 어떠한지를 생각해보자.

한평생을 대체로 70, 71, 72, 73, 74, 75세로 생각해보자. 그리고 가장 이른 시간들은 제외시켜야만 한다. 그 시기에는 하나님께서 어린아이들을 지적인 믿음으로 부르지 않으신다. 왜냐하면 그들은 아직 지적인 믿음을 이해할 만한 능력이 없기 때문이다. 인생에서 최초의 세 시간은 20, 21, 22, 23세 때에 끝이 난다.

그러므로 인생의 제삼시는 25세부터 35세까지라고 말하고 싶다. 이 시기에 남자는 완벽해지고 여자는 그 힘이 충만해지는 시기이다. 이 시기 이후에는 거의 성장하지 못한다. 비록 인생의 절정기는 아니라 해도 상당히 발전된 시기에 도달했다. 제삼시에 도달한 당신에게 주님께서 찾아오셔서, "너희도 포도원에 들어가라. 내가 너희에게 상당하게 주리라"고 말씀하시기를 간절히 기도한다.

20세 이상 40세 이하인 나의 친구들이여, 당신이 주의 종이 되기를 원한다. 첫째, 당신은 이미 하루 중 가장 좋은 시간을 낭비했기 때문이다. 하루 중에서 이른 아침만큼 좋은 시간은 없다. 그때에는 이슬이 맺히고 근심과 환난의 연기가 풍경을 흐릿하게 만들지 않았다.

나에게 여름 이른 아침의 즐거움을 달라. 그때에는 새들이 아름답게 노래하고 모든 자연이 보석과 아름다운 장신구로 장식하고 있는 것 같다. 하루 중 첫 시간만큼 일하기에 좋은 시간은 없다. 젊은 날만큼 주님을 섬기기에 좋은 시간은 없다.

내가 처음으로 하나님을 알았을 때 하나님을 위해서 작은 봉사를 얼마나 기쁘게 했는지 아직도 기억하고 있다. 일주일 내내 학교에서 생활했다. 그러나 토요일 오후가 있다. 그날 오후에는 휴식을 취할 수도 있었다. 비록 청소년이었지만 토요일 오후에는 전도지를 배포하거나 또는 가난한 사람들을 찾아다녔다.

주일에는 가르치는 일에 헌신했다. 그 후에는 주일학교에서 설교했다. 나는 그 일을 정말로 열심히 했다! 성인이 된 후보다도 그 당시에 설교를 더 잘했다고 생각한다. 왜냐하면 떨리는 가운데서도 마음을 다하여 설교했기 때문이다. 주일마다 마을에서 전도하고 나중에는 밤마다 전도하기 시작했을 때 내 마음속에서 솟아나오는 어떤 새로운 것을 말하곤 했다는 사실을 알고 있다.

책을 읽을 시간도 거의 없었다. 나의 도서관은 하나님의 말씀과 나의 체험이었다. 그러나 나는 나의 영혼으로 말했다. 의심할 여지도 없이 실수와 약함과 젊은 날의 어리석음이 섞여 있었을 것이다. 그러나 사람들을 그리스도께로 인도하고 싶은 간절한 소망이 있었다!

내가 불쌍한 노인을 구원하고 내 또래의 소년을 구세주의 발 앞으로 인도할 수 있다면 내 생명까지도 기꺼이 내놓을 수 있다고 생각했다. 나중에 나이가 들어서는 그 이른 아침의 사역과 같은 열심과 힘이 없었다.

그러나 나의 친구여, 당신은 이미 그런 시기를 지나갔다. 당신은 이제 25세, 30세, 35세이다. 그래도 여전히 구원을 받지 못하고 있다! 그러므로 더 이상 귀중한 시간을 낭비하지 말라. 즉시 십자가에 못박히신 주님께 나아가라. 주님은 그곳에서 머리에 가시 면류관을 쓰고 서 계신다. 주님께 적어도 당신의 남은 날들을 드려라. 그 오랫동안 주님을 사랑하고 섬기지 못한 채 살아온 것에 대하여 용서를 빌어라.

그 외에도 나는 이 나이의 사람들에게 그리스도께로 나아오라고 간청한다. 왜냐하면 이미 당신에게는 게으른 습관이 형성되어져 있기 때문이다. 당신은 "아니, 그렇지 않습니다"라고 말한다. 영적인 게으름을 말하고 있다.

당신은 아직 그리스도를 위하여 어떤 일도 하지 않았다. 자신이 할 수 있는 일을 알아보지도 않았다. 포도원의 어떤 자리에서 일할 수 있는지 생각해보지도 않았다. 포도나무의 가지를 칠 수 있는지, 물 주는 일을 할 수 있는지, 포도를 수확하는 일을 할 수 있는지, 또는 포도주 틀을 밟을 수 있는지 생각해보지 않았다.

당신은 아직까지 아무런 일도 하지 않았다. 내가 두려워하는 것은 이처럼 아무것도 하지 않는 생활 양식이 고착되는 것이다. 그리고 당신이 먼지 구덩이로 돌아가서, 우리를 우리의 죄에서 구원하기 위하여 자신을 드리신 주님을 위하여 아무것도 성취하지 못할까봐 두렵다. 잠시라도 그런 상태에 머물지 말라.

양초는 지금 부드럽지 않다. 그것은 굳어지기 시작한다. 그것이 굳어지기 전에 주권적 은혜의 도장이 찍히게 하라. 당신의 인생에 그리스도의 흔적을 남겨라. 더 나아가 사탄은 항상 시험할 준비를 하고 있다. 당신도 알다시피 사탄은 항상,

"게으른 자들이 할 수 있는 어떤 악한 영향을 찾고 있다."

당신은 어떤 큰 죄를 저지르지는 않았을 것이다. 아마 본문 이야기에 나오는 젊은이와 같이 외면적으로는 순수하고 깨끗할 것이다. 그러나 당신이 스스로 평가하기에 훌륭한 사람 같아 보일지라도 사탄의 공격을 받을 가능성이 매우 크다는 사실을 알지 못한다. 사탄이 당신을 육체의 정욕이나 다른 헛되고 악한 쾌락에 빠뜨릴 수 있다면 그는 당신을 파멸시킨 것에 대하여 크게 기뻐할 것이다.

오, 당신이 주님의 군대에 지원하기를 간절히 원한다! 지금 주님의 군대에 입대하라. 주 예수 그리스도를 믿고 그분을 구세주로 받아들여 그분의 신실한 종이 되라는 뜻이다. 당신의

손에 괭이나 전지 가위나 또는 주님의 포도원으로 들어가도록 끌어들이는 다른 어떤 것을 들려주어 주님을 위해 봉사할 수 있기를 바란다.

25세나 30세나 35세 정도가 된 젊은이들이여, 나는 당신이 그리스도께 나오기를 원한다. 왜냐하면 당신에게 정오의 태양은 지기 시작했기 때문이다. 그런 일이 이미 일어나고 있다. 하나님이 당신을 살려두셨다면 그것은 아직까지 당신에게 일할 기회가 있다는 것이다.

인생의 전성기에 있는 남녀를 볼 때, 그리고 그들 중 많은 사람들이 아직까지 하나님께로 돌아오지 못한 것을 볼 때, 사탄이 당신을 소유해서는 안 되고, 죄나 세상이 당신을 소유해서도 안 되며, 다만 그리스도께서 당신을 소유해야만 한다고 생각한다.

그분은 영광스러운 구세주요, 주님이시기 때문에 나는 세상의 모든 것들을 흔쾌히 그분의 발 아래에 갖다 놓을 것이다. 모든 왕들이 그분 앞에서 무릎을 꿇고 모든 방백들이 그분을 송축할지라도 그분은 그것을 받을 만한 충분한 자격이 있으신 분이다. 당신도 그렇게 하는 것이 마땅하다.

당신은 어떤 삶을 영위하고 있는가! 어떤 편리, 어떤 행복,

어떤 복이 당신의 몫인가! 당신이 자신을 관찰할 수 있는 망원경을 통해서 볼 수 있다면, 만일 당신의 마음이 하나님께 헌신되어져 있다면, 하늘 아래와 하늘 위에서 당신을 기다리고 있는 것을 볼 수 있다면, 당신은 지금이라도 당장 위대하신 주인의 부르심에 복종하여 그분의 포도원으로 들어갈 것이라고 확신한다.

문자적인 의미에서 많은 사람들은 매우 게으르다. 아직도 많은 사람들이 크리스천이 되지 못하고 정말 빈둥거리고 있다. 때때로 해변에 가보면 많은 사람들이 아무 일도 하지 않고 있는 것을 목격한다. 그들은 건강하지만 날마다 게으르게 시간을 낭비하고 있다.

따라서 나는 "만일 그들을 지중해에 던져버릴지라도 아무도 손해를 보지 않을 것이다"라고 생각한다. 우리의 예배 처소에 찾아온 사람들 중에도 그와 같은 사람들이 많지 않은가? 그들은 빵과 고기만 축낼 뿐이다. 세월을 낭비해도 개의치 않는다. 그들은 누구에게도 유익이 되지 않는다. 키가 180cm나 되는 사람이 아무 일도 하지 않는다는 것은 얼마나 애석한 일인가!

사랑과 친절을 받는 여인이 그 사랑과 친절을 다른 사람들에게 나누어 주고 또 주님을 섬기지 않는다면 얼마나 애석한 일인가!

30세에서 40세가 되어도 아직까지 할 일이 없는 사람들에게, 나는 진지하게 주 예수 그리스도의 이름으로, 믿음으로 그리스도께 나아와 당신의 게으름과 다른 모든 죄악을 고백하고 그분의 은혜와 자비를 구하라고 말하고 싶다. 그분의 포도원으로 들어가 아직 능력이 있을 때에 그분을 섬기며 그분을 위해 일하라고 말하고 싶다.

또 다른 사람들은 부지런한 것 같지만 사실을 게으르다. 그들은 힘겹게 수고하지만 진정으로 가치가 있는 일은 아무것도 이루지 못한다. 자기 사업에 모든 인생을 낭비하고 단지 돈을 벌기 위해서만 사는 사람은 하찮은 목표를 가지고 있을 뿐이다. 그는 덧없는 목표에 열중하고 있다.

하나님과 그리스도와 다른 사람들의 유익을 위해서 사는 사람은 가치가 있는 목적을 위해서 살고 있다. 그러나 자기 자신만을 위해서 사는 사람은 덧없고 하찮은 목적을 위해서 살고 있다. 따라서 비록 그가 죽도록 수고한다 해도 게으르다고 말할 수밖에 없다. 당신이 이렇게 한다면 주님께서는 당신을 게으르다고 생각하실 것이다!

당신은 주님을 위해서 아무것도 하지 않으며, 할 만한 가치가 있는 일을 전혀 하지 못하고 있다. 그리스도의 보혈로 구원을 받은 영혼이 이루어낸 위업처럼 역사의 기록에 남길 만한 것은 아무것도 하지 않고 있다. 오, 부지런하게 보이지만 게으른 자들이여, 당신이 주님의 포도원에 들어가 일할 수 있기를 바란다.

어떤 사람들은 그들의 우유부단한 성격 때문에 게으르다. 그들은 나쁘지도 않고 선하지도 못하다. 그들은 마귀를 섬기지도 않고 하나님을 섬기는 일도 무시한다. 비록 그들이 게으를지라도 그들은 선한 의도로 가득 차 있다. 그들은 항상 그렇다. 만일 그들이 십 년 전에 결심했다면 그들에게 큰 변화가 있었을 것이다. 그러나 그렇지 않다.

십 년이 지나도 그들은 지금과 같을 것이다. 다시 말하면 비록 하나님께서 그때까지 그들을 살려두신다 해도 마찬가지일 것이다. 그들은 한 발자국도 더 나아가지 못할 것이다. 왜냐하면 그들이 결심하고 또 결심할지라도 여전히 그대로 남아 있기 때문이다.

그들이 구원을 받을 것이라고 말은 하면서도 그것을 실천해 옮기지 못하느니 차라리 타락한 자가 되겠다고 말하는 것이 더 낫다고 생각된다. 그들이 타락할 것이라고 말한다면 그 말을 하고 난 후에 두려움을 느낄 것이기 때문이다.

그러나 그들은 하나님과 영혼과 천국과 지옥을 가지고 장난을 치며 "내가 어떻게 할 것입니다. 내가 어떻게 할 것입니다. 내가 어떻게 할 것입니다"라고 말한다. 항상 그런 말뿐이다. 그러나 그들은 결코 지금 이 순간에 그것은 실천하지는 않는다.

만일 어떤 집에 불이 났는데 당신이 위층에 있다면, "화염이 다른 층에 옮겨지기 전에 빨리 피해야 합니다. 그러나 지금은 잠시 동안 기다리고 있겠습니다"라고 말하는 것은 애석한 일이다. 그렇게 해서는 안 된다. 빨리 피해야만 한다. 그렇게 해야만 한다고 나는 확신한다.

지혜는 우리에게 사람이 항상 타협하면서 "내가 어떻게 할 것입니다"라고 말하면서 결코 목표를 향하여 매진하지 않아서는 안 된다는 사실을 가르쳐 주고 있다. 지혜는 또한 그가 하나님의 은혜로 다음과 같이 말해야 한다는 것을 알려 주고 있다. "나는 나의 우유부단함을 끝냈습니다. 하나님께서 나에게 영적인 생명을 주신다면 하나님을 위해서 살기 시작하겠습니다. 하나님께서 나에게 영적인 빛을 주신다면 어두움의 일을 버릴 것입니다. 나는 예수님의 발 아래에 엎드려 '오, 주여! 나를 구원하소서. 죄에서 떠나기를 갈망합니다. 더 이상 게으른 자가 되지 않겠습니다' 라고 부르짖을 것입니다."

어떤 사람은 다른 사람의 말을 듣고, 하나님의 일은 매우 어렵고, 따분하고, 우울하고, 힘들고, 수고스러운 것이라고 생각한다. 그러나 그렇지 않다. 하나님께서 시키는 일은 우리에게 매우 적합한 일이다. 하나님께서는 우리가 죄인이라는 사실을 인식하게 만드신다. 그러므로 하나님은 우리가 하나님께로 나와 깨끗이 씻음을 받도록 하신다. 씻음을 받았을 때 우리를 구원해 주신 하나님을 찬양하는 것이 우리의 기쁨이요, 의무요, 특권이요, 즐거움이라는 사실을 깨닫게 될 것이다.

하나님의 일은 사람이 하기에 가장 적합한 일이다. 그것은 결코 사람을 비천하게 만들지 않는다. 그것은 결코 사람을 지치게 하지 않는다. 왜냐하면 하나님을 섬기는 가운데서 새 힘을 얻기 때문이다. 우리가 하나님을 섬기면 섬길수록 더욱 잘 섬길 수 있다.

하나님께서 어떤 일을 시키실 때에는 반드시 당신에게 필요한 도구와 힘을 제공해 주신다. 하나님께서 당신을 그분의 포도원으로 보내실 때 집으로 가서 연장을 가져오라고 하지 않으신다. 하나님께서는 죄인들이 그들 자신의 구세주를 데리고 오리라고는 기대하지 않으신다. 하나님은 결코 그의 군사들을 스스로 준비케 하여 전쟁터에 보내지 않으신다. 자신을 드려 하나님의 종이 된 사람은 독특하게 준비되고 특별하게 도움을 받아 하나님이 요구하시는 모든 일을 할 수 있다는 사실을 발견할 것이다.

더 나아가 하나님의 포도원에 들어간다면 당신은 하나님과 함께 일할 것이고 따라서 고귀하게 될 것이다. 이것은 우리의 봉사가 지니고 있는 것 중에서 가장 놀라운 일이다. 우리는 "하나님과 함께 일하는 자"이다. 포도나무의 덩굴손을 구부릴 때 우리와 함께 일하시는 부드러운 손길을 발견한다는 것, 날카로운 전지 가위로 무성한 가지를 벨 때 우리의 칼보다 더욱 날카로운 칼이 있다는 사실을 느끼는 것, 삽으로 포도나무 주위를 팔 때 우리보다 더 깊이 파서 우리의 일을 더욱 효과적으로 만들어 주는 은밀한 손길이 있다는 사실을 느끼는 것은 참으로 놀라운 일이다.

당신이 하나님을 위하여 건물을 세우기 위해서 흙손이나 망치를 들 때에 또 다른 흙손이나 망치를 들고 당신과 함께 세우며 곁에 계시는 또 다른 손길이 있다는 사실을 느낀다면, 당신은 하나님에 의해서 존귀하게 된다. 하나님이 당신과 함께 일하신다면 당신은 하늘의 고귀함을 지니게 된다. 하나님께서 "너도 포도원으로 들어가라"고 말하실 때 당신을 그런 지위로 초대하는 것이다.

이 일에 당신이 참여한다면 큰 기쁨이 될 것이라는 사실을 말해주고 싶다. 시작할 때의 작은 어려움은 곧 사라진다. 하나님을 섬기는 일은 처음에는 물결을 거슬러 올라가며 수영하는 것 같다. 그러나 나중에는 반대적 요소 가운데에도 기쁨이 있다는 사실을 발견한다. 왜냐하면 살아 있는 물고기는 항상 물결을 거슬러 올라가면서 헤엄치기를 더 좋아하기 때문이다. 당신은 어려움 가운데서도 기쁨을 발견하며, 처음에는 힘들어 보이는 것 가운데서도 거룩한 즐거움을 발견한다. 당신이 하나님을 위하여 살며 일할 때, 하나님을 섬기고 그분의 거룩한 이름에 영광을 돌리는 것이 기쁨 중의 기쁨이 된다.

집주인이 제육시(12시)에도 나아가 35세에서 45세 되는 사람들에게 말했다는 사실을 기억해야만 한다. 그분은 자기가 발견한 사람들을 불렀고 그들은 포도원으로 갔다. 35세 내지 50세가 되는 자들이여, 당신에게는 아직도 힘이 남아 있기 때문에, 당신이 그의 부르심에 응답한다면 그리스도께서 당신을 고용하기를 거부하지·않으신다.

그리고 나서 집주인은 제구시(오후 3시)에도 또다시 나아가 50세, 55세, 60세, 아니 더 나아가 65세 되는 사람들에게 말했다. 때는 저물어 가고 있다. 그러나 아직도 그들은 모든 에너지를 투입한다면 훌륭하게 일을 할 수 있다. 지금이라도 필생의 사역을 하는 데에 절망할 필요는 없다. 비록 오랫동안 일할 수 없다 해도 힘 있게 일할 수는 있다. 어떤 사람들은 늦게 일을 시작했지만 열정적이고 열심히 일했기 때문에 많은 일을 할 수가 있었다.

당신도 그렇게 하지 못할 이유는 없다. 하여튼 지금 와야만 한다. 과거에도 노인들이 위대한 일들을 했다. 비록 그들이 젊은이와 같은 활기는 없다 해도 더 많은 지혜가 있다. 그들이 힘은 없다 해도 더 많은 분별력이 있다. 당신의 머리 위로 수많은 세월이 흘러갔다 해도 당신이 차지할 장소는 있다. 당신이 지금이라도 그리스도께로 나아온다면 그가 당신을 그의 포도원에서 사용해 주신다.

아! 그러나 집주인은 제십일시(오후 5시)에도 밖으로 나갔다. 그는 "지금 나가봐야 아무런 소용이 없다. 비록 내가 그들을 데려온다 해도 그들이 일할 수 있는 시간은 한 시간밖에 남아 있지 않기 때문이다"라고 말할 수도 있다. 그러나 내가 당신에게 말했듯이, 그가 그들을 고용한 것은, 그가 그 사람들을 필요로 했기 때문이 아니라 그들이 돈을 필요로 했기 때문이다. 그는 제일시(오전 7시)에도 그들을 필요로 하지 않았으며, 제삼시나 제육시나 제구시에도 그들을 필요로 하지 않았다. 그런데 하물며 제십일시에 그들을 필요로 하겠는가? 그래도 그는 밖으로 나갔다. 그러자 그곳에 사람들이 있었다! 나는 그들을 볼 수 있다. 그들은 늙은 남자와 늙은 여자들이다.

당신 같으면 그들을 고용하지 않을 것이다. 당신은 다음과 같이 말할 것이다. "그들은 반 시간 동안은 잡담하고 나머지 반 시간 동안은 이마의 땀을 닦으며 아무 일도 하지 않을 것입니다. 늙은 사람들에게는 아무런 힘도 남아 있지 않습니다. 그들은 양로원에서 죽 그릇을 끼고 난로 옆에 앉아 있는 것이 더 나을 것입니다."

그러나 이 선한 주인이 그들을 고용한 것은 그 자신 때문이 아니라 그들을 위한 것이었다. 그는 나머지 사람들을 고용한 것처럼 이들을 고용하는 것도 당연하다고 생각했다. 그래서 그는 그들에게 말했다. "이제 제십일시이지만 나의 포도원에 와서 일하라. 그러면 내가 너희에게 상당하게 주리라."

인생의 이른 시간에 주님으로부터 일하라는 부르심을 받는다는 것은 큰 기쁨이라고 생각한다. 나는 다음과 같이 말할 수 있기를 바란다.

"오, 하나님이시여! 당신은 젊을 때부터 나를 가르쳤나이다. 그리고 지금까지 나는 당신의 놀라운 일을 선포하였나이다. 내가 늙어 머리가 희게 되었을 때에도 나를 버리지 마소서. 내가 당신의 힘을 이 세대에게 보여 주고 또 당신의 권능을 다가오는 모든 사람들에게 보여 줄 때까지 나를 버리지 마소서."

젊었을 때부터 주님을 섬겼다면 그것은 가장 행복한 일이다. 그러나 비록 당신이 그런 특권을 놓쳤다 해도, 슬프게도 당신이 늙었다 해도, 주님은 지금도 당신을 초대하신다. 주님은 당신을 부르시고 또 오라고 명령하신다. 당신이 주님께 찾아오기만 한다면 주님께서는 일찍부터 일하기 시작한 사람들과 마찬가지로 당신에게도 돈을 주신다.

나는 103세 때에 회심한 사람이 있었다는 것을 기억하고 있다. 그것은 버지니아에서 있었던 일로 생각한다. 그는 울타리 밑에 앉아 있었다. 그리고 플리머드에서 플라벨Flavel 씨가 한 설교를 들은 것을 기억했다. 그 중 일부를 회상하면서 그는 하나님께로 돌아와 평화와 용서를 발견했다. 그는 3년을 더 살았다. 그가 죽었을 때 그의 무덤에는 다음과 같은 비문이 새겨졌다.

"은혜 안에서는 세 살 된 어린이, 실제 나이는 106세인 자가 죽어서 여기에 누워 있다."